위대한

시작

가스펠 프로젝트

구약 1

위대한 시작

중고등부 교사용

지은이 · LifeWay Students
옮긴이 · 김주성
감수 · 김병훈, 이희성, 곽상학
초판 발행 · 2016년 11월 1일
2판 2쇄 발행 · 2025년 1월 17일
등록번호 · 제1988-000080호
등록된 곳 · 서울특별시 용산구 서빙고로65길 38
발행처 · 사단법인 두란노서원
영업부 · 02-2078-3352, 3452, 3752, 3781 FAX 080-749-3705
편집부 · 02-2078-3437
디자인 · 더그램

책값은 뒤표지에 있습니다.
ISBN 978-89-531-4672-3 04230 / 978-89-531-4670-9(세트)

가스펠 프로젝트 홈페이지 · gospelproject.co.kr
두란노몰 · mall.duranno.com

차례

1

The Story Begins

발간사

두란노서원을 통해 라이프웨이(LifeWay)의 《가스펠 프로젝트》 성경 공부 교재 시리즈를 발간할 수 있도록 인도하신 하나님께 감사드립니다. 험한 소리로 가득한 세상에 이 책을 다릿돌처럼 놓습니다. 우리 삶은 말씀을 만난 소리로 풍성해져야 합니다. 주님을 만난 기쁨의 소리, 진실 앞에서 탄식하는 소리, 죄를 씻는 울음소리, 소망을 품은 기도 소리로 가득해야 합니다.

《가스펠 프로젝트》는 신구약을 관통하는 예수 그리스도의 복음을 발견하고, 그 가르침을 삶에 적용하는 지혜를 얻도록 기획한 성경 공부 교재입니다. 어린아이부터 어른에 이르기까지 생애주기에 따른 복음 메시지를 잘 배울 수 있습니다. 또한, 거짓 진리가 미혹하는 이 시대에 건강한 신학과 바른 교리로 말씀을 조명하여 성도의 신앙이 좌로나 우로나 치우치지 않도록 돕습니다.

두란노서원은 지금까지 "오직 성경, 복음 중심, 초교파적 관점"을 바탕으로 한국 교회와 성도를 꾸준히 섬겨 왔습니다. 오직 성경의 정신에 입각해 책과 잡지를 출판해 왔으며, 성경에 근거한 복음 중심의 신학을 포기한 적이 없습니다. 그리고 교단과 교파를 초월하여 교회와 성도가 하나님 나라를 바라볼 수 있도록 돕기 위해 노력해 왔습니다. 《가스펠 프로젝트》는 두란노가 지켜 온 세 가지 가치를 충실하게 담은 책입니다.

성경은 구원을 위한 책이며, 구원사의 주인공은 예수 그리스도입니다. 창세기부터 요한계시록까지 오직 예수 그리스도의 복음만을 전하는 《가스펠 프로젝트》 성경 공부 교재를 통해 복음의 은혜와 진리를 깊이 경험하고, 복음 중심의 삶이 마음 판에 새겨지기를 바랍니다. 그리고 예수 그리스도 복음에 굳게 선 한 사람의 영향력이 가정과 교회와 사회에 흘러감으로써 거룩한 하나님 나라가 확산되어 가기를 소망합니다.

2016년 11월 1일

두란노서원 원장 이 형 기

감수사

두란노가 출간하는 《가스펠 프로젝트》는 무엇보다도 전통적으로 교회가 풀어 온 흐름을 충실히 따라 성경을 해설하고 있습니다. 그리고 그 방향은 궁극적으로 예수 그리스도를 향해 나아가고 있습니다. 이것은 예수님이 구약과 신약의 모든 성경이 자신을 가리키고 있다고 하신 말씀에 비추어 매우 타당한 것입니다. 게다가 그리스도 중심적 해설을 무리하게 전개하지 않습니다. 각 본문에서 하나님의 구원 언약과 그것을 실현하시는 하나님을 드러내면서, 그리스도의 예표적 설명이 가능한 사건을 놓치지 않고 풀어내고 있습니다.

성경 공부 교재는 명시적으로 혹은 암시적으로 제시하는 교리적 진술이 교리체계상 건전해야 합니다. 《가스펠 프로젝트》는 99개 조에 이르는 핵심 교리들을 일목요연하게 제시하여 교리의 건전성을 확인할 수 있도록 도움을 줍니다. 《가스펠 프로젝트》의 교리는 교파를 막론하고, 예수 그리스도의 복음에 충실한 복음주의 교회들에게 환영받을 만합니다. 물론 교파마다 약간의 이견을 갖는 부분들이 있을 수 있겠지만 각 교회에서 교재를 활용하는 데에 무리가 없을 것으로 판단합니다. 《가스펠 프로젝트》의 특징은 각 과에서 학습한 내용을 핵심 교리와 연결해 주며, 그 결과 그리스도의 복음에 관련한 교리적 이해를 강화시킨다는 데에 있습니다.

끝으로 《가스펠 프로젝트》는 어떤 성경 주해서나 교리 학습서가 갖지 못하는 훌륭한 장점을 가지고 있습니다. 그것은 학습자를 하나님과 그리스도의 복음 앞으로 나오도록 이끌며 자신의 신앙과 삶을 돌아보도록 하는 적용의 적실성과 훈련의 효과입니다. 아울러 선교적 안목을 열어 주는 적용 질문들을 더해 준 것은 《가스펠 프로젝트》에서 얻을 수 있는 커다란 유익입니다.

《가스펠 프로젝트》는 성경을 개괄적으로 매주 한 과목씩, 3년의 기간 동안 일목요연하게, 그리고 그리스도 중심적으로 공부하도록 이끌어 준다는 점에서, 한국 교회의 기초를 성경 위에 놓는 일에 대단히 커다란 공헌을 할 것으로 믿어 의심치 않습니다.

김병훈 _ 합동신학대학원대학교 조직신학 교수

아모스 선지자가 타락의 일로를 걷고 있었던 북이스라엘을 향해 선포한 메시지가 생각납니다. "보라 날이 이를지라 내가 기근을 땅에 보내리니 양식이 없어 주림이 아니며 물이 없어 갈함이 아니요 여호와의 말씀을 듣지 못한 기갈이라"(암 8:11). 주전 8세기 아모스 선지자의 외침이 오늘 이 시대에 다시 메아리쳐 오고 있습니다. 온갖 이단들이 영적으로 갈급한 성도들을 향해 검은손을 내밀고 있습니다. 이들은 성경 구절을 단편적으로 이해하고 왜곡하여 교리를 구축한 후 성도들을 혼란에 빠뜨리고 있습니다. 두란노의 《가스펠 프로젝트》는 성도들이 겪고 있는 이러한 갈증을 해소해 줄 수 있는 참으로 유익한 성경 공부 교재입니다.

첫째, 《가스펠 프로젝트》는 성경 전체 흐름과 문맥에 따라 구성되어 성경의 큰 그림을 볼 수 있도록 도와줍니다. 또 성경 각 본문의 의미를 깊이 이해할 수 있도록 해당 분야의 전문 성경 신학자들의 주석적 견해를 잘 소개하고 있습니다. 둘째, 본문 연구와 함께 관련

핵심 교리들을 적절하게 소개하여 성경과 교리를 연결할 수 있습니다. 또 모든 과에서 그리스도와의 연결점을 찾아 제시함으로써 구약 본문을 통해서도 복음을 깨달을 수 있습니다. 성경 공부 전 과정을 마치면 성도들이 복음에 대한 견고한 믿음을 가지게 될 것입니다. 셋째, 성경 공부를 통한 적용의 초점을 선교에 맞추어 성도들이 삶의 현장에서 복음의 증인으로서의 사명을 감당할 수 있게 도와줍니다. 마지막으로 주일학교에서 장년에 이르기까지 동일한 주제와 본문으로 성경을 공부하도록 구성하였기 때문에 모든 교인이 한 말씀 안에서 한 믿음의 공동체를 이루며 성숙해 가는 영적 부흥을 경험하게 될 것입니다.
두란노의《가스펠 프로젝트》를 통해 말씀이 갈급한 기근의 시대에 영적 해갈의 기쁨을 경험하시기 바랍니다.

이희성 _ 총신대학교 신학대학원 구약학 교수

일반적으로 교육의 3요소를 교육 주체인 교사, 교육 객체인 학생, 교육 내용인 교육 과정(curriculum)이라고 말합니다. 기독교 교육 또한 교회 학교 교사나 가정의 부모가 교육 주체가 되어 다음 세대인 청소년들에게 복음이 담긴 성경을 가르치는 것입니다. 교육 과정을 제외하고는 공교육과 기독교 교육이 본질적으로 다를 수 없는데, 시대의 요청이나 학습자의 역량에 따라 교육 과정이 바뀌는 공교육과 달리, 성경이라는 절대 진리가 교육 과정인 기독교 교육은 수요자 중심의 창의적 상호 작용 등 교육 방법론에 취약점을 보인 것이 사실입니다.

이번에 두란노에서 출간되는《가스펠 프로젝트》는 객관론적인 인식론에 근거한 프로젝트 수업을 염두에 두었기 때문에, 안내하고 조력하는 교사의 역할 수행과 학생들의 자연스럽고도 적극적인 반응이 만나 성경의 내용을 '지금 그리고 여기'(here and now)를 사는 '나'와 접목시켜 진지하게 만나게 합니다. 매 단원 청소년 설교 제목과 같은 감각적인 제목으로 문을 열고 들어가 'HIS STORY'를 만나게 될 뿐 아니라 '메시지 좌표', '타임 라인', '알짬 교리' 등은 다소 지루할 수 있는 성경의 이야기를 청소년 특유의 감성과 지적 호기심을 채워 주기에 충분합니다. 또한 매 단원 '그리스도와의 연결'로 구속사적 흐름을 놓치지 않고 그리스도의 복음을 충실하게 따르고 있습니다. 영원 불변하는 하나님의 말씀이 21세기에 대한민국에서 살아가는 중학생, 고등학생의 실제 이야기로 잘 구현되도록 한 'YOUR STORY'와, '생각'과 '마음'이 어떻게 '행동'으로 이어지는가에 대한 'YOUR MISSION'은 성경 공부의 매우 중요한 연결고리가 될 것입니다.
《가스펠 프로젝트》는 그리스도 중심의 성경 공부 교재이자, 성경 전체를 꿰뚫는 복음의 알파와 오메가로서 이 시대에 새로운 기독교 교육의 이정표가 될 것을 확신합니다.

곽상학 _ 온누리교회 차세대 교육 목사

추천사

우리 시대의 전 세계적 교회 부흥은 두 가지 샘을 갖고 있습니다. 한 샘은 오순절 부흥운동의 샘입니다. 이 샘으로 많은 시대의 목마른 영혼들이 목마름을 해갈했습니다. 또 하나의 샘은 성경 연구의 샘입니다. 남침례교 주일학교 운동은 이 샘의 개척자입니다. 이 샘으로 지금도 많은 성도들이 목마름을 해갈하고 있습니다. 미 남침례교 라이프웨이 출판사는 이러한 사역을 충실히 감당해 왔습니다. 《가스펠 프로젝트》는 모든 필요를 공급하는 원천이 될 것입니다. 《가스펠 프로젝트》로 한국 교회의 목마름이 해갈되기를 기도합니다. 《가스펠 프로젝트》는 쉬우면서도 결코 피상적이지 않습니다. 믿음의 단계를 따라 하나님의 자녀들에게 꼭 필요한 복음의 진수를 맛보게 해 줄 것입니다. 이 체계적인 교재로 이 땅에 새로운 영적 르네상스가 일어나기를 기대합니다.

이동원 _ 지구촌교회 원로목사, 지구촌 미니스트리 네트워크 대표

《가스펠 프로젝트》는 예수 그리스도 중심의 제자 양육 교재입니다. 성도들을 변화와 성숙으로 이끌어 주는 귀한 교재가 조국 교회와 이민 교회에 소중하게 쓰임 받기를 바랍니다. 특별히 이민 2세들은 영어 교재 원본을 사용할 수 있는 까닭에 큰 도움이 될 것입니다.

강준민 _ LA 새생명비전교회 담임목사

성경은 예수 그리스도를 중심으로 하는 하나님의 구원 이야기입니다. 성경을 가르치는 일은 하나님의 구원에 동참하는 하나님의 사람을 만드는 일이며, 하나님의 사람의 탁월한 모델은 바로 예수 그리스도입니다. 《가스펠 프로젝트》는 예수 그리스도를 중심으로 성경을 배웁니다. 성경이 어떻게 그리스도와 연결되어 있는지, 또 성도의 삶이 그리스도를 중심으로 하는 하나님의 구원 계획에 어떻게 연결되어야 하는지 구체적으로 제시합니다.

특히 《가스펠 프로젝트》는 하나의 본문으로 각 연령에 맞게 구성한 교재를 제공하여 하나의 본문으로 전 세대를 연결하고, 가정과 교회를 하나 되게 합니다. 신앙의 전수가 중요한 시대에 성도와 교회와 가정이 한마음으로 다음 세대를 준비시키기에 적합합니다. 특히 가정에서 부모가 자녀와 말씀으로 대화를 나눌 수 있게 하여 자녀 신앙 교육에 도움이 될 것입니다.

《가스펠 프로젝트》가 주일학교부터 장년에 이르기까지 전 교회와 성도의 각 가정에서 사용되어 예수 그리스도를 통한 하나님의 가스펠 프로젝트가 성취되기를 기도하면서 기쁨과 확신으로 추천합니다.

이재훈 _ 온누리교회 담임목사

《가스펠 프로젝트》는 성경을 예수 그리스도 중심으로 심도 있게 살피도록 도우면서, 또한 그것을 이야기 형식으로 제시하며 실질적으로 적용하도록 이끄는 탁월함이 보입니다. 이는 청소년들이 자연스럽게 주변 또래들에게 자신이 경험한 예수 그리스도와 복음에 대해 나눌 수 있게 합니다.

왕동식 _ 서울YFC(십대선교회) 대표, 청소년사역자협의회 회장

《가스펠 프로젝트》는 복음주의적인 관점에서 성경을 이해하며 성경적 가치관을 형성하는 데 큰 도움을 줍니다. 특히 예수 그리스도를 모든 과에서 그 중심에 두어 구속사적으로 이해할 수 있도록 돕습니다. 또한 각 과별 주제도 친근할 뿐 아니라 다음 세대의 눈높이에 맞추고 있어서 적극 추천합니다.

황성건 _ (사)청소년선교횃불 대표, 소금과빛 국제학교 운영 이사

사역 현장에서는 하나님의 말씀을 효율적으로 가르칠 수 있는 좋은 방법과 교재에 늘 목말라합니다. 그런 점에서 그 필요를 잘 충족해 줄 교재가 출간되어 기쁜 마음으로 추천합니다.

김운용 _ 장로회신학대학교 실천신학 교수

《가스펠 프로젝트》는 하나님의 말씀으로 우리를 초청해서 예수 그리스도를 만나게 하고 사랑하게 만드는 훌륭한 교재입니다. 자녀들이 교회 학교에서, 부모들이 소그룹에서 말씀을 공부한 후에 저녁 식탁에 둘러앉아 예수님에 대해 함께 나눌 수 있다는 것은, 상상만 해도 너무나도 멋지고 복된 일입니다.

김지철 _ 전 소망교회 담임 목사

성경이 가르치는 구원의 도리인 교리를 성경 본문을 통해 배우기가 쉽지 않기 때문에 좋은 안내서가 필요합니다.《가스펠 프로젝트》는 이와 같은 역할을 탁월하게 수행하고 있기 때문에 기쁜 마음으로 추천합니다.

이성호 _ 고려신학대학원 역사신학 교수

《가스펠 프로젝트》는 어린이부터 장년까지 성경에서 예수님이라는 보석을 찾는 눈을 활짝 열어 주는 놀라운 교재입니다. 각 연령대에 맞게 구성된 본 교재를 통해 예수님을 다시 발견하고 한국 교회가 더욱 견고하게 되기를 바랍니다.

최병락 _ 강남중앙침례교회 담임 목사

일러두기

❶ INTRO

과의 내용을 간략하게 요약하고 성경 본문을 제시하면서, 본문의 흐름과 학습 목표를 놓치지 않도록 돕습니다.

❷ HIS STORY

하나님의 구속사에 초점을 맞춰 성경을 이해하도록 하며, 다음과 같은 특징이 있습니다.

* **students** 왼편에 'students' 글씨와 함께 회색 세로줄이 있는 단락은 학생용 교재와 동일한 부분입니다. 학생용 교재의 모든 내용이 교사용에도 실려 있습니다.
* **연대표** 성경을 시간 순으로 이해하도록 살피는 표로, 학생용 교재에서는 그림도 함께 제공합니다.
* **본문으로 더 깊이** 이야기 속으로 더 깊이 들어가도록 돕는 성경 주해입니다. 이 자료를 어떤 식으로 활용할 것인지는 교사의 재량에 달려 있으며, 참고만 해도 괜찮습니다.
* **알짬 교리 99** 매 과의 본문 내용과 관련된 기독교 핵심 교리입니다.
* **그리스도와의 연결** 각 과의 주제가 어떻게 예수 그리스도를 가리키며 연결되는지 살피는데, 이를 통해 모든 성경이 그리스도를 가리키고 있음을 강조해 줍니다.

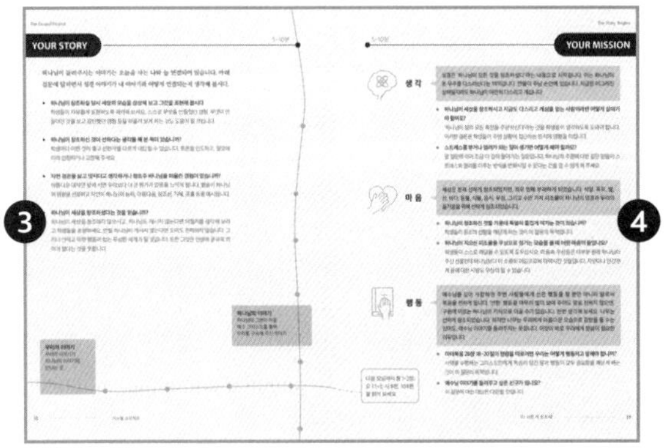

❸ YOUR STORY

하나님이 과거에 행하신 일을 오늘날과, 그리고 우리 자신과 연결하도록 돕는 토론 질문을 제시합니다. 매 질문마다 교사에게 주는 조언이 첨부되어 있습니다.

❹ YOUR MISSION

그리스도인으로서 어떻게 살아가야 할지 하나님의 이야기를 통해 생각하고 변화를 경험하도록 이끕니다. 단순한 성경 공부를 넘어 사명감을 가지고 이 세상을 살아가야 할 것을 강조하면서 하나님의 부르심에 참여하도록 돕습니다.

가스펠 프로젝트 홈페이지 자료실 gospelproject.co.kr에 있는 다양한 자료를 활용해 보세요.

- **십대와 나누는 믿음의 대화** 학생들과 폭넓게 나눌 수 있도록 본문의 요점, 질문, 명언을 제시합니다.
- **교사 지도 가이드** 교사에게 필요한 본문에 대한 설명과 지도 방향 등을 동영상으로 제공합니다.
- **가족성경읽기표** 본문에도 나오는 연대기적 성경 통독 일정이, 온가족이 보기 좋게 정리되어 있습니다.

교사 지도 가이드

01

이런 게 창조지!

요 약

성경 속 하나님 이야기로 떠나는 여행은 창세기를 펼치는 데서부터 시작됩니다. 그때 우리는 하나님으로부터 세상이 시작되었음을 볼 수 있을 뿐 아니라, 우리 이야기도 여기서부터 시작되었음을 발견하게 됩니다. 창조 이야기는 우리로 하여금 역사적 사건들을 돌아보게 하고, 태초의 진실이 지금을 사는 우리가 누구이며 어떻게 살아야 하는지를 말해 주고 있음을 깨닫게 합니다. 따라서 우리는 창세기를 통해 하나님에 대해 배울 뿐 아니라, 우리 자신에 대해서도 배우게 될 것입니다.

성 경

창세기 1장 1~25절; 고린도전서 8장 5~6절

HIS STORY

20~30분

포 인 트 태초에 하나님은 천지를 창조하셨고, 모든 것을 선하게 지으셨다.

등 장 인 물 @삼위일체 하나님(성부, 성자, 성령)

메시지 좌표

성경은 웅대하면서도 또한 한 사람도 빠짐없이 모든 사람이 그 일부가 되는 이야기로 시작합니다. 바로 '창조' 이야기입니다. 대부분의 책이 어떻게 시작하느냐로 책 전체의 맥락을 설정하듯이, 성경도 그러합니다. 창세기 1장은 단순하게 시작하면서도 지금껏 가장 위대한 현실로 존재하시는 하나님을 소개합니다. 그것도 매우 인상적으로요! 성경은 만물보다 하나님이 먼저 존재하셨다는 것을 어려운 말로 길게 논증하며 시작하지 않습니다. 성경은 하나님이 쓰신 책, 하나님이 친히 자신을 드러내 보여 주시는 계시의 책이기 때문입니다.

창세기 1장은 하나님이 어떤 것이나 누구 덕분에 존재하시는 분이 아님을 드러냈을 뿐만 아니라, 오히려 하나님을 만물의 창조자로 묘사합니다. 존재하는 모든 것이 하나님으로부터 시작되었습니다. 그렇다면 하나님은 언제부터 어떻게 존재하게 되셨을까요? 그 답은 이렇습니다. '하나님은 항상 존재하셨다'는 것입니다.

도 입

5~10분

이야기에는 좋은 시작이 있는 법입니다. '좋은 시작'이란 주제로 학생들과 토론하세요. 좋은 시작은 전개될 이야기에 빠져들 분위기를 조성하고, 맥락을 만들고, 몰입시키고, 더 알고 싶게끔 합니다. 오랜 세월 사랑받아 온 문학 작품들의 시작을 살펴보는 것도 좋은 방법입니다.

> *"최고의 시절이자 최악의 시절, 지혜의 시대이자 어리석음의 시대였다. 믿음의 세기이자 의심의 세기였으며, 빛의 계절이자 어둠의 계절이었다. 희망의 봄이자 절망의 겨울이었다."*
> 찰스 디킨스, 《두 도시 이야기》

그렇다면 수백 년 정도가 아니라 수천 년 동안 사랑받아 온 작품이라면? 그것도 하나님이 친히 쓰신 책이라면, 과연 그 시작은 어떨까요? 우리는 성경의 시작에 대해 압니다. "태초에 하나님이 천지를 창조하시니라." 성경은 단순하면서도 극적으로 이렇게 하나님을 소개합니다. 가장 위대하신 하나님을 말이에요. 창세기 1장 1절에서 우리는 '거기 계시는 하나님'을 만납니다. 요란하지 않지만 강렬한 만남이지요.

도입 선택

"가스펠 프로젝트_성경에서 예수를 보다" 동영상을 보여 줍니다 (https://vimeo.com/190993889). 그 후 학생들과 다음 질문들을 놓고 토론하십시오.

- *영상에서 어떤 점이 흥미로웠습니까?*
- *왜 우리는 좋은 이야기에 끌릴까요?*
- *우리 자신의 이야기를 거대한 성경 이야기의 일부로 보는 것이 왜 중요할까요?*

그거 아니? 하나님이 세상을 창조하신 거!

만물보다 앞서 계신 분을 알아야 창조를 알 수 있습니다. 이것이 창세기 1장 1절의 요점입니다. 만물보다 앞서 계신 하나님, 어떤 것에도 의존하지 않으시는 하나님이 세상을 창조하셨습니다.

> 1태초에 하나님이 천지를 창조하시니라 2땅이 혼돈하고 공허하며 흑암이 깊음 위에 있고 하나님의 영은 수면 위에 운행하시니라(창 1:1~2).

students / p. 14

하나님이 약속해 주신 땅으로 가던 고대 이스라엘 백성, 그들이 바로 창세기를 처음으로 들었던 사람들이었습니다. 당시 상황을 고려해 보면 아마도 그들은 이런 질문들과 씨름했을 것입니다. '조상들이 믿었고 우리도 믿는 이 하나님은 실제로 존재하시는 분인가?', '하나님은 유일하신 분인가?', '진짜로 무슨 일이든 하실 수 있고 모든 것을 아시는가?'

연 대 표

창조
CREATION
성경은 언제 세상이 창조되었는지 그 날짜를 구체적으로 가르쳐 주지 않는다. 다만 세상의 시작이 있었고, 그전에는 물질적 세계가 존재하지 않았음을 분명히 한다. 우주의 창조 연대 추정은 그리스도인들 사이의 논쟁거리다. 그러나 성경이 확인해 주는 바는 우주에서 분자에 이르기까지 만물이 하나님에 의해, 하나님을 통해, 하나님을 위해 창조되었다는 사실이다.

본문으로 더 깊이

성경의 첫 구절은 히브리어로 일곱 단어입니다. 이는 성경 전체가 기반을 두는 일곱 가지 핵심 진리를 나타냅니다. ① 하나님이 존재하십니다. 하나님이 기뻐하시는 첫 단계는 그분의 존재를 인식하는 것입니다(히 11:6). ② 하나님은 우주가 있기 전부터 존재하셨고, 우주가 멸망한 후에도 존재하실 것입니다(히 1:10~12). ③ 성경의 주인공은 하나님이십니다. 성경의 첫 번째 동사의 주어는 바로 하나님이십니다. 그분은 성경의 어떤 인물보다 뛰어난 활동을 하시는 분입니다. ④ 아무도 할 수 없는 창조를 하나님이 하셨습니다. '창조하다'의 히브리어 동사는 하나님만의 고유한 일을 나타냅니다. ⑤ 하나님은 신비로우신 분입니다. 히브리어로 '하나님'은 복수형인데, 하나님이 하시는 행위를 나타내는 동사는 단수형입니다. 삼위일체 하나님의 속성을 절묘하게 드러냅니다. 하나님은 한 본체 안에 세 위격을 가지고 계십니다. ⑥ 하나님은 하늘과 땅의 창조주이십니다. 하나님은 이미 존재하던 물질을 잘 섞어서 세상을 만드신 것이 아니라, 완전한 무로부터 물질을 불러내 존재하게 하셨습니다(시 33:6, 9; 히 11:3). ⑦ 하나님은 무엇에도 누구에게도 의존하지 않으시지만, 우주는 하나님께 온전히 의존합니다(히 1:3).

_로버트 D. 버건 Robert D. Bergen, *HCSB Study Bible* (Nashville: B&H, 2010), 7.

students / p. 14

이는 우리에게도 매우 익숙한 물음입니다. 이런 혼란을 바로잡고 잠재울 수 있는 분은 오직 하나님뿐이십니다. 창세기 1장 1절은 당시 이스라엘 백성의 혼란을 잠재우기 위해 하나님이 주신 말씀이라고 할 수 있습니다. 가나안의 신도, 블레셋의 신도 창조주가 아니었습니다. 그들이 어렸을 때부터 전해 들어 알게 된 하나님이 바로 세상을 창조하신 하나님이었습니다.

"여호와는 위대하시니 지극히 찬양할 것이요 모든 신들보다 경외할 것임이여 만국의 모든 신들은 우상들이지만 여호와께서는 하늘을 지으셨음이로다"(시 96:4~5).

알짬 교리 **99**

무(無)에서의 창조

성경은 하나님이 우주를 창조할 때 보이는 것과 보이지 않는 모든 것을 무(無)에서 창조하셨다고 말합니다. 이것은 하나님이 만물을 창조하시기 전에 하나님 외에 아무것도 존재하지 않았다는 뜻입니다. 창조에 속한 것은 그 어떤 것도 영원하지 않습니다. 창조된 것들은 모두 시작이 있습니다.

따라서 영원하시며 모든 피조물을 다스리시는 하나님은 홀로 경배받으시기에 합당하십니다. 이 교리를 부인하면 피조물에 대한 주권과 섭리가 하나님과 상관없게 됩니다. 하나님이 무에서 창조하셨으니, 피조물에는 목적과 의미가 있을 뿐 아니라 우리를 창조주 하나님께로 이끌어 줍니다. _웨인 그루뎀 Wayne Grudem, *Systematic Theology* (Grand Rapids: Zondervan, 1994), 262-64.

우리도 당시 고대 이스라엘 백성과 다르지 않습니다. 우상을 향해 머리 숙여 절하지는 않더라도 하나님이 아닌 다른 것에서 만족을 얻으려고 합니다. 이런 질문도 합니다. '하나님이 진짜 살아계실까?', '하나님이 나를 사랑하신다고?', '하나님이 경배받으실 만한 분인가?'

하나님의 존재나 그분이 선하시다는 사실이 믿어지지 않을 때 우리는 창세기 1장 1절을 되새겨야 합니다. "태초에 하나님이 천지를 창조하시니라." 아무것도 없을 때 하나님이 계셨다는 사실은 우리가 가진 모든 의구심을 압도하는 경외심을 불러일으킵니다.

아무에게도 의존하지 않고 아무것도 필요 없으신 하나님이 당신을 포함한 만물을 창조하기로 결정하셨습니다. 이 진리에 담긴 사랑은 우리를 차지하려 달려드는 마음속 우상들을 거절할 수 있도록 할 만큼 우리를 압도합니다.

좋다, 좋아! 참 좋다!

students / p.15

창조 이야기에서 살펴볼 두 번째 핵심이 있습니다. 하나님이 모든 것을 '선하게' 창조하셨다는 사실입니다. 창세기 1장 3~25절을 보면, 6일 동안 하나님은 매일 창조하신 후 그것을 보고 '좋다'고 하셨습니다. 왜 그러셨을까요?

하나님이 창조하실 때 모든 것은 도덕적으로 선했을까요? 그렇습니다. 분명히 그 안에는 죄가 없었습니다. 그렇다면 감탄이 저절로 나올 만큼 멋졌을까요? 그렇습니다. 하나님의 창조물이 지닌 아름다움은 굳이 오래 바라보지 않아도 한눈에 들어옵니다. 창조된 것들은 하나님의 목적과 계획에 따라 잘 이루어졌을까요? 그렇습니다. 하나님의 창조물은 하나님이 의도하신 목적과 계획을 잘 수행하고 있습니다.

그러므로 우리는 하나님의 목적과 계획을 잘 기억해야 합니다. 창조된 것들은 하나님의 영광을 선포하고 그분이 하신 일을 나타내 줍니다(시 19:1). 또한 우리 눈에 보이지 않는 하나님의 영원하신 능력과 신성을 드러내 줍니다(롬 1:20). 우리로 하여금 이러한 것들을 보고 이해할 수 있게 해 주는 것이 바로 창조입니다.

이런 생각을 해 봅시다. 만약에 한 번도 만난 적이 없는 사람이 우리 앞에 서 있다면 어떨까요? 그가 자신을 '드러내면서' 소개하지 않고 잠잠히 서 있기만 해도 우리는 그의 외모를 볼 수 있으므로 그에 대해 정확하고 일반적인 것을 이야기할 수 있습니다. 신장 180cm, 몸무게 80kg, 건장한 체격, 갈색 머리, 갈색 눈, 운동으로 다져진 근육질, 창의적인 면모 등 말입니다. 이처럼 외모만으로도 일반적으로 많은 사실을 알 수 있습니다.

그러나 그를 제대로 알고 싶다면, 즉 그가 어떤 생각을 하고, 어떤 성격이고, 어떤 꿈을 가졌는지를 알려면 그의 말을 들어 봐야 합니다. 그것은 그가 우리에게 말을 해 주어야 알 수 있는 것들이기 때문입니다.

연대표

하나님의 형상
BEARING GOD'S IMAGE
하나님이 그분의 속성을 드러내도록 사람을 그분의 형상대로 창조하시다.

타락
THE FALL
사람이 죄를 범하면서 하나님이 선하게 창조하신 것들이 왜곡되다.

가인과 아벨
CAIN AND ABEL
형제를 살인하는 극악한 모습 가운데 인류 타락의 심각함이 드러나다.

노아
NOAH
홍수 사건 가운데 심판과 은혜가 모두 드러나다.

바벨탑
TOWER OF BABEL
사람이 끈질기게 자신을 높이며 교만하게 행하나, 하나님의 영광을 결코 끌어내리지 못하다.

본문으로 더 깊이

태초 이후 만물은 모든 사람에게 하나님을 알리는 일을 잘해 오고 있습니다. 로마서 1장은 하나님을 모르는 사람은 단 한 사람도 없다고 밝힙니다(롬 1:20~21).

그러나 안 좋은 소식도 있어요. 모든 사람이 하나님에 대한 진실을 알 수 있지만, 불의로 진리를 막는 사람이 있다는 것입니다(롬 1:18). 산과 하늘이 아무리 멋지게 하나님의 영광을 드러내어도 인류는 이 진리를 무시하고 하나님을 영화롭게 하지 못하는 불의를 선택할 것입니다.

알짬 교리 99

창조의 선함

창세기 1장에서 하나님은 그분이 창조하신 것들을 보고 좋아하셨고, 심지어 참 좋아하셨습니다(창 1:31). 하나님이 보시기에 그것들이 좋았던 이유는 목적과 계획을 가지고 창조하신 것들이 그분의 선한 본성을 반영하고 나타냈기 때문입니다.

죄로 인한 타락이 하나님이 창조하신 것을 손상하고 왜곡했지만, 그것은 하나님의 손안에서 여전히 좋고 그분의 영광을 세상에 선포하는 목적을 수행하고 있습니다. 하나님의 백성은 그것을 증언하고, 그분이 창조하신 만물의 선함을 보존하기 위해 노력해야 합니다(창 2:15).

_마이클 F. 버드 Michael F. Bird, *Evangelical Theology* (Grand Rapids: Zondervan, 2013), 157-58.

students / p. 15

온 우주를 다스리시는 하나님이 친히 그분을 드러내 보이는 일을 시작하셨다는 것으로 인해 큰 감동을 받게 됩니다. 자연을 바라보는 것만으로도 창조주 하나님에 대해 알 수 있게 하셨기 때문입니다. 이는 마치 예술가가 자기 작품에 지문을 남기는 것과도 같습니다. 하나님은 그분의 흔적을 찾을 수 있는 자연만 주셔도 되었지만 거기에 머물지 않으셨습니다. 친히 우리를 찾아와 말씀해 주십니다. 하나님이 말씀하신다는 것, 이것이 바로 세상과 인류에게 있어 최고로 값진 은혜입니다.

그리스도와의 연결

고린도전서 8장 5~6절은 하나님이 만물을 창조하셨을 뿐 아니라, 당신의 아들을 통해 만물을 창조하셨다고 말합니다.

> 5비록 하늘에나 땅에나 신이라 불리는 자가 있어 많은 신과 많은 주가 있으나 6그러나 우리에게는 한 하나님 곧 아버지가 계시니 만물이 그에게서 났고 우리도 그를 위하여 있고 또한 한 주 예수 그리스도께서 계시니 만물이 그로 말미암고 우리도 그로 말미암아 있느니라(고전 8:5~6).

이 구절을 읽고 나서 창세기를 다시 읽으면 이런 질문을 하게 될지도 모릅니다. "좋아, 아버지 하나님이 말씀하셨고, 성령은 수면 위에 운행하셨어. 그런데 아들 예수님은 대체 어디에 계신 거지?"

students / p. 16

요한복음 1장을 살펴봅시다. "태초에 말씀이 계시니라 이 말씀이 하나님과 함께 계셨으니 이 말씀은 곧 하나님이시니라 그가 태초에 하나님과 함께 계셨고 만물이 그로 말미암아 지은 바 되었으니 지은 것이 하나도 그가 없이는 된 것이 없느니라"(요 1:1~3). "말씀이 육신이 되어 우리 가운데 거하시매 우리가 그의 영광을 보니 아버지의 독생자의 영광이요 은혜와 진리가 충만하더라"(요 1:14).

하나님이 말씀하시어 만물이 하나씩 존재를 드러낼 때마다 예수님도 거기 계셨습니다. 하나님은 예수님으로 말미암아 만물을 창조하셨으며, 만물은 예수님에 의해 존재하고 연합합니다.

아버지 하나님이 아들 예수님으로 말미암아 만물을 창조하신 것이 왜 중요할까요? 바로 그 아들을 통해 우리에게 특별한 계시를 주시기 때문입니다. 우리는 하나님의 능력과 속성에 대해 일반적으로 아는 것 이상으로, 그분의 특별함과 구원 계획을 구체적으로 알아야 합니다. 하나님은 친히 자신을 드러내고 말씀하길 원하셨습니다. 성경에 따르면, 이것이 바로 하나님이 아들을 세상에 보내신 이유입니다.

하나님이 그분 자신을 드러내시는 두 가지 계시가 충돌하고 모이는 곳, 하나님을 세상에 일반적으로 계시하실 뿐 아니라 또한 특별히 계시하시는 곳이 있습니다. 바로 그리스도인의 내면입니다.

인간으로서 그리스도인은 인류를 대표합니다. 인간의 창조는 창조의 절정으로 특별하게 구별되었습니다. 다른 피조물들은 인간처럼 하나님의 영광을 말하지 못합니다. 왜냐하면 하나님의 형상을 갖지 못했기 때문이지요. 하늘, 산, 바다가 하나님의 영광을 선포하지만, 우리가 하나님의 영광을 드러내는 것만큼은 못합니다. 우리가 보고 만나는 모든 사람은 본성적으로 하나님에 대해 뭔가를 보여 주고 있습니다.

그리스도인은 하나님이 주시는 일반 계시의 빛과 함께 특별 계시의 빛을 가집니다. 하나님이 그리스도의 얼굴에 있는 하나님의 영광을 아는 빛을 우리 마음에 비추셨습니다.

YOUR STORY

5~10분

하나님이 들려주시는 이야기는 오늘을 사는 나와 늘 연결되어 있습니다. 아래 질문에 답하면서 성경 이야기가 내 이야기와 어떻게 연결되는지 생각해 봅시다.

▶ **하나님이 창조하실 당시 세상의 모습을 상상해 보고 그것을 표현해 봅시다.**
학생들이 자유롭게 표현하도록 격려해 보세요. 스스로 무엇을 만들었던 경험, 무엇이 만들어진 것을 보고 감탄했던 경험 등을 떠올려 보게 하는 것도 도움이 될 것입니다.

▶ **하나님이 창조하신 것이 선하다는 생각을 해 본 적이 있습니까?**
학생마다 어떤 것이 좋고 선한가를 다르게 대답할 수 있습니다. 토론을 인도하고, 필요에 따라 인정하거나 교정해 주세요.

▶ **자연 경관을 보고 멋지다고 생각하거나 창조주 하나님을 떠올린 경험이 있습니까?**
아름다운 대자연 앞에 서면 우리보다 더 큰 뭔가가 있음을 느끼게 됩니다. 별들이 하나님의 영광을 선포하고 자연이 하나님의 능력, 아름다움, 창조성, 지혜, 긍휼 등을 예시합니다.

▶ **하나님이 세상을 창조하셨다는 것을 믿습니까?**
하나님이 세상을 창조하지 않으시고, 하나님도 계시지 않는다면 어떨지를 생각해 보라고 학생들을 초청하세요. 만일 하나님이 계시지 않는다면 도덕도 존재하지 않습니다. 그러니 선하고 악한 행동이 없는 무심한 세계가 될 것입니다. 또한 그것은 인생에 궁극적 의미가 없다는 것을 뜻합니다.

하나님의 이야기
하나님이 그분의 아들
예수 그리스도를 통해
우리를 구속해 주신 이야기

우리의 이야기
우리의 이야기가
하나님의 이야기와
만나는 곳

5~10분

YOUR MISSION

생 각

성경은 '하나님이 모든 것을 창조하셨다'라는 내용으로 시작됩니다. 이는 하나님이 온 우주를 다스리신다는 의미입니다. 만물이 주님 손안에 있습니다. 지금은 어그러진 상태일지라도 하나님이 여전히 다스리고 계십니다.

- **하나님이 세상을 창조하시고 지금도 다스리고 계심을 믿는 사람이라면 어떻게 살아가야 할까요?**
  '하나님이 삶의 모든 측면을 주관하신다'라는 것을 학생들이 생각하도록 도와야 합니다. 이러한 결론은 학생들이 주변 상황에 접근하는 방식에 영향을 미칩니다.
- **스트레스를 받거나 염려가 되는 일이 생기면 어떻게 해야 할까요?**
  앞 질문에 이어 조금 더 깊이 들어가는 질문입니다. 하나님의 주권에 대한 깊은 믿음이 스트레스와 염려를 다루는 방식을 변화시킬 수 있다는 것을 알 수 있게 해 주세요.

마 음

세상은 본래 선하게 창조되었지만, 죄로 인해 부패하게 되었습니다. 석양, 폭포, 별, 산, 바다, 동물, 식물, 음식, 우정, 그리고 수만 가지 피조물이 하나님의 영광과 우리의 즐거움을 위해 선하게 창조되었습니다.

- **하나님이 창조하신 것들 가운데 특별히 즐겁게 여기는 것이 있습니까?**
  학생들이 창조의 선함을 깨닫게 하는 것이 이 질문의 목적입니다.
- **하나님이 지으신 피조물을 우상으로 섬기는 모습을 볼 때 어떤 마음이 들었나요?**
  학생들이 스스로 깨달을 수 있도록 도우십시오. 마음속 우상들은 대부분 원래 하나님이 주신 선물인데 하나님보다 더 소중히 여김으로써 타락시킨 것들입니다. 자연이나 인간관계 등에 대한 사랑도 우상이 될 수 있습니다.

행 동

예수님을 깊이 사랑하면 주변 사람들에게 선한 행동을 할 뿐만 아니라 말로써 복음을 전하게 됩니다. '선한' 행동을 아무리 많이 보여 주어도 말로 전하지 않으면, 구원에 이르는 하나님의 지식으로 이끌 수가 없습니다. 한번 생각해 보세요. 나무는 선하게 창조되었습니다. 하지만 나무는 우리에게 아름다운 모습으로 감탄을 줄 수는 있어도, 예수님 이야기를 들려주지는 못합니다. 이것이 바로 우리에게 말씀이 필요한 이유입니다.

- **마태복음 28장 18~20절의 명령을 따르려면 우리는 어떻게 행동하고 말해야 합니까?**
  사명을 수행하는 그리스도인에게 복음이 담긴 말과 행동이 모두 중요함을 깨닫게 하는 것이 이 질문의 목적입니다.
- **예수님 이야기를 들려주고 싶은 친구가 있나요?**
  이 질문에 대한 대답은 다양할 것입니다.

다음 모임까지 창 1~2장; 요 1:1~3; 시 8편; 104편을 읽어 보세요.

02

하나님의 형상이라고?

요 약

하나님은 사람을 하나님의 형상대로 창조하시어 사람으로 하여금 하나님을 영화롭게 하고 하나님과 영원히 사귀도록 하셨습니다. 첫 번째 사람인 아담과 하와의 창조 이야기를 통해 우리는 하나님의 형상대로 사는 법에 대해 배울 것입니다. 즉, 세상을 지혜롭게 다스리고, 하나님 그리고 다른 피조물들과 올바른 관계를 맺으며 일하고 안식하면서 하나님의 선하심을 반영하는 것입니다.

성 경

창세기 1장 26절~2장 25절

HIS STORY

20~30분

포 인 트

하나님이 그분의 형상대로 사람을 창조하셨다.

등 장 인 물

@삼위일체 하나님(성부, 성자, 성령)
@아담과 하와(하나님이 그분의 형상대로 처음 창조하신 사람)

메시지 좌표

지난 과에서 우리는 창조 사건을 보면서 하나님이 이야기를 어떻게 시작하셨는지를 살펴보았습니다. 하나님은 창조가 이루어지던 첫 3일 동안 혼돈 가운데 경계를 나누며 구분하고 정리해 하늘과 땅과 바다를 만드셨습니다. 그 후 3일 동안 이 공간들을 채우며 공허함을 달래셨습니다. 해와 달과 별, 온갖 풀과 나무와 채소, 갖가지 생물로 하늘과 땅과 바다를 충만하게 하셨습니다.
이야기가 여기서 끝날까요? 아니요, 오히려 절정으로 달려갑니다. 하나님은 이전과 다른 독특한 방식으로 마지막 피조물을 창조하셨습니다. 바로 '사람'입니다. 하나님은 그분의 형상, 곧 하나님의 형상대로 사람을 창조하셨습니다.

도 입

5~10분

짝을 이루는 물건의 목록(햄버거와 감자튀김, 배트맨과 로빈, 신발 한 켤레 등)을 준비해 "동작 알아맞히기 게임"을 하세요. 2명씩 앞으로 나와서 하나씩 동작으로 표현하게 하세요. 예를 들면, 한 사람은 햄버거를, 또 한 사람은 감자튀김을 표현하면 됩니다. 준비한 목록이 모두 끝난 후에는 게임의 주제를 알아맞히게 하십시오. 그 답은 '짝'입니다. "이 게임의 주제는 짝이야. 서로 관계가 깊은 것들이지. 오늘의 주제는 바로 '좋은 관계'란다."

▶ 한 손으로 손뼉을 치고 입술의 한쪽만으로 휘파람을 불 수 있을까요?

우리에게 '관계 형성'이 필요하고, 관계를 통해 좋은 것들이 이루어지는 것을 설명하십시오. 우리에게는 하나님, 다른 사람, 세상과의 관계가 필요하다는 것을 강조하십시오.

도입 선택

'관계'라는 제목을 쓴 큰 종이를 벽에 붙여서 학생들이 그들 삶에 영향을 미치는 다양한 관계를 표현하게 하세요. 모두가 기록하고 나면 열거된 관계들을 살펴보십시오. 불확실한 것에 대해서는 설명을 요청한 후, 다음 질문을 하세요.

- *이 관계들이 삶에서 얼마만큼 중요한가요? 여기 쓰인 관계 중에서 가장 중요한 것은 무엇인가요? 왜 그렇게 생각하나요?*

대답을 마치면 종이를 떼고, 다음 질문을 하세요.

- *만약에 이 관계들이 없었다면 어땠을까요?*

하나님의 형상이라면 살아가는 태도가 다르다

'하나님의 형상대로 창조되었다'는 것을 대부분의 사람은 '우리의 형상대로 하나님이 생기셨다'는 말로 받아들입니다. 즉, 하나님도 우리처럼 두 팔과 두 다리를 가져야 하는데, 하나님이시니까 평균보다 약간 키가 크신 정도라고 생각하는 것이죠. 그러나 성경은 "하나님은 영"(요 4:24)이시라고 합니다. 그러므로 '하나님의 형상'은 신체적 특징 차원을 넘어서는 의미일 것입니다.

students ; p. 20

'사람이 하나님의 형상대로 창조되었다'라는 말은 무슨 뜻일까요? 죄인에게도 하나님의 형상이 있을까요?

하나님의 형상으로 창조되었다는 말의 의미를 살펴봅시다. 하나님은 아담과 하와에게 바다의 물고기와 하늘의 새와 땅의 모든 생물을 다스리며 땅에 충만하고 땅을 정복하라고 하셨습니다. 이는 하나님이 하늘과 땅을 창조함으로써 하신 일을 우리도 함으로써 하나님의 형상으로서 살아가라는 초청입니다. 하나님이 세상을 별·식물·생명체로 채우셨듯이, 우리도 열매 맺고 번식하고 땅을 생명으로 채우도록 부름받았습니다. 하나님이 땅을

연 대 표

하나님의 형상
BEARING GOD'S IMAGE
하나님이 그분의 속성을 드러내도록 사람을 그분의 형상대로 창조하시다.

타락
THE FALL
사람이 죄를 범하면서 하나님이 선하게 창조하신 것들이 왜곡되다.

가인과 아벨
CAIN AND ABEL
형제를 살인하는 극악한 모습 가운데 인류 타락의 심각함이 드러나다.

바다와 분리하여 혼란에서 질서를 이루셨듯이, 우리도 세상을 정복하여 조화와 일치를 이루도록 부름받았습니다. 하나님은 우리에게 세상을 지혜롭게 다스리라고 맡겨 주셨습니다. 그렇게 할 때 우리는 하나님의 형상을 반영할 수 있습니다.

26하나님이 이르시되 우리의 형상을 따라 우리의 모양대로 우리가 사람을 만들고 그들로
바다의 물고기와 하늘의 새와 가축과 온 땅과 땅에 기는 모든 것을 다스리게 하자 하시고
27하나님이 자기 형상 곧 하나님의 형상대로 사람을 창조하시되 남자와 여자를 창조하시
고 28하나님이 그들에게 복을 주시며 하나님이 그들에게 이르시되 생육하고 번성하여 땅
에 충만하라, 땅을 정복하라, 바다의 물고기와 하늘의 새와 땅에 움직이는 모든 생물을
다스리라 하시니라 29하나님이 이르시되 내가 온 지면의 씨 맺는 모든 채소와 씨 가진 열
매 맺는 모든 나무를 너희에게 주노니 너희의 먹을거리가 되리라 30또 땅의 모든 짐승과
하늘의 모든 새와 생명이 있어 땅에 기는 모든 것에게는 내가 모든 푸른 풀을 먹을거리로
주노라 하시니 그대로 되니라 31하나님이 지으신 그 모든 것을 보시니 보시기에 심히 좋았
더라 저녁이 되고 아침이 되니 이는 여섯째 날이니라(창 1:26~31).

하나님은 만물의 통치자이십니다. 하나님의 형상을 지닌 우리도 세상을 지혜롭게 다스려야 합니다. 그러나 안타깝게도 죄성 때문에 우리는 피조물을 학대하며 짓밟거나 심지어 우상으로 떠받들곤 합니다. 우리를 향한 하나님의 부르심은 피조물을 가꾸고 돌보는 것이에요. 우리에게 주신 좋은 것들은 하나님께 감사하며 예배하도록 이끌기 위한 것이지, 떠받들고 섬기는 대상이 아니랍니다.

본문으로 더 깊이

하나님의 형상대로 지음받은 우리가 어떤 일을 해야 하나님의 일을 하는 것일까요? 생각해 보세요. 어렵지 않습니다.

작은 텃밭을 일구거나 정원을 가꿀 때, 천으로 옷을 만들 때, 빗자루로 청소할 때, 기술적으로 전력을 활용할 때, 아무것도 모르는 사람에게 어떤 것을 가르칠 때, 다듬어지지 않은 재료로 감동적인 예술 작품을 만들어 낼 때, 소리와 소음을 구분하고 조정해서 음악을 만들어 낼 때, 심지어 빗으로 머리를 빗을 때마저도 우리는 하나님의 형상으로서 일하는 셈입니다. 혼란에 질서를 부여하고, 창조적 잠재력을 이끌어 내고, 어떤 것을 더욱 정교하게 만들고 확장시킬 때마다 창조적이며 문화 발전적인 일을 해 나가는 것이니까요. 이것이 바로 하나님의 일이랍니다.

_ *팀 켈러*

Timothy J. Keller, *What were we put in the world to do?* (New York: Redeemer Presbyterian Church, 2006), 25-26.

알짬 교리 99

하나님의 형상

어떤 신학자들은 '하나님의 형상'이 그분의 속성과 관련 있다고 믿습니다. 즉, 우리가 지닌 본성의 원형이 곧 하나님의 본성이라는 것입니다. 이와 달리, 어떤 신학자들은 우리의 행동에서 '하나님의 형상'을 볼 수 있다고 말합니다. 또 다른 신학자들은 우리가 하나님이나 다른 사람과 가지는 관계에서 '하나님의 형상'을 볼 수 있다고 믿습니다. 예수님 안에서 우리는 하나님의 참 형상을 볼 수 있습니다. 예수님은 하나님의 속성을 온전히 지니셨고, 아버지 하나님의 뜻을 이루시며, 하나님과 완전한 관계를 이루고 계십니다.

하나님의 형상이라면 관계를 이루는 모습이 다르다

우리는 세상을 지혜롭게 다스리는 것뿐 아니라 우리의 관계, 즉 하나님과 또는 다른 사람들과의 관계에서도 하나님의 형상을 드러냅니다.

> 4이것이 천지가 창조될 때에 하늘과 땅의 내력이니 여호와 하나님이 땅과 하늘을 만드시
> 던 날에 5여호와 하나님이 땅에 비를 내리지 아니하셨고 땅을 갈 사람도 없었으므로 들
> 에는 초목이 아직 없었고 밭에는 채소가 나지 아니하였으며 6안개만 땅에서 올라와 온
> 지면을 적셨더라 7여호와 하나님이 땅의 흙으로 사람을 지으시고 생기를 그 코에 불어
> 넣으시니 사람이 생령이 되니라 8여호와 하나님이 동방의 에덴에 동산을 창설하시고 그
> 지으신 사람을 거기 두시니라 9여호와 하나님이 그 땅에서 보기에 아름답고 먹기에 좋
> 은 나무가 나게 하시니 동산 가운데에는 생명나무와 선악을 알게 하는 나무도 있더라(창
> 2:4~9).

students / p.21

하나님의 형상을 지니는 것은 그분과 친밀하게 살아가는 것입니다. 이것은 하나님이 우리를 창조하셨을 때 시작되었습니다. 하나님이 그분의 얼굴을 첫 사람의 얼굴에 가까이 대고 코에 생기를 훅 불어넣으시는 장면이 매우 인상적입니다. 거울에 모습을 제대로 비추려면 거울 바로 앞에 있어야 하듯, 우리도 하나님과 가까운 관계를 유지할 때 하나님의 형상을 제대로 드러낼 수 있습니다.

하나님의 형상을 지녔다고 해서 그분과의 관계만 중요한 것은 아닙니다. 사람 간의 관계도 중요합니다. 하나님은 우리를 '남자'와 '여자'로 창조하셨어요. 하나님은 성부, 성자, 성령의 공동체 안에 계시지요. 마찬가지로 우리도 공동체 안에서 살아가도록 창조하셨습니다.

> 22여호와 하나님이 아담에게서 취하신 그 갈빗대로 여자를 만드시고 그를 아담에게로 이
> 끌어 오시니 23아담이 이르되 이는 내 뼈 중의 뼈요 살 중의 살이라 이것을 남자에게서 취
> 하였은즉 여자라 부르리라 하니라 24이러므로 남자가 부모를 떠나 그의 아내와 합하여
> 둘이 한 몸을 이룰지로다(창 2:22~24).

연대표

노아
NOAH
홍수 사건 가운데 심판과 은혜가 모두 드러나다.

바벨탑
TOWER OF BABEL
사람이 끈질기게 자신을 높이며 교만하게 행하나, 하나님의 영광을 결코 끌어내리지 못하다.

아브라함을 부르심
THE CALLING OF ABRAHAM
하나님이 아브라함과 언약을 맺으시다.

본문으로 더 깊이

모든 피조물 중에 오직 인간만이 하나님을 알고, 하나님과 관계를 맺습니다. 에덴동산에서 아담과 하와는 항상 하나님과 친교를 나누었어요. 하나님이 인간을 하나님의 창조성과 지혜를 뽐내는 예술 작품으로 만들지 않으셨다는 뜻입니다. 인간은 하나님의 특별한 목적을 성취하도록 창조되었습니다. 구약의 율법, 즉 십계명(출 20장)과 예수님의 계명(마 22:36~40; 막 12:28~31; 눅 10:26~27)은 모두 인간을 향한 하나님의 뜻이 '관계'에 있다고 말합니다. 의미심장한 말씀이지요.

_밀러드 에릭슨
Millard J. Erickson, *Christian Theology, 3rd ed.* (Grand Rapids: Baker, 2013), 467-68.

students / p.21

하나님은 하루하루 창조를 마칠 때마다 좋아하셨는데, 아담이 혼자 있는 것을 보고 처음으로 좋지 않게 여기셨습니다. 사람은 혼자 살아가거나, 하나님께만 잘하도록 창조되지 않았습니다. 서로 친구가 되어 사랑 가운데 공동체를 이루며 살아야 합니다. 하나님의 형상은 사람들 사이에서 가장 잘 드러나기 때문입니다. 그러므로 하나님뿐 아니라 다른 사람과 좋은, 올바른 관계를 이루어야 합니다.

하나님의 형상이라면 일과 안식을 지키는 모습이 다르다

하나님을 반영하는 것은 관계를 넘어서서 우리의 일상 활동과 쉼의 리듬으로도 나타납니다. 우리는 '일'의 창조를 창세기 2장 15절에서 볼 수 있습니다.

> 여호와 하나님이 그 사람을 이끌어 에덴동산에 두어 그것을 경작하며 지키게 하시고 (창 2:15).

students / p.21

사람들이 오해하는 것이 하나 있어요. 하나님이 일하라고 명령하신 이유가 사람이 죄를 저질렀기 때문이라는 것입니다. 그런데 일은 사람이 죄로 타락한 후에 하나님이 저주하며 주신 것이 아닙니다. 죄 때문에 힘겹게 수고하게 되긴 했지만, 원래 일이란 성취감을 주고 하나님의 형상을 드러낼 기회를 주기 위해 하나님이 계획하신 것입니다.

일은 타락의 결과로 오지 않았습니다. 또한 일은 단지 돈 벌려고 하는 것이 아닙니다. 일을 올바른 관점으로 보면, 우리의 일은 하나님을 반영할 수 있습니다. 그러나 우리의 일만 하나님을 반영하는 것이 아닙니다. 우리의 쉼도 그렇습니다. 사실 하나님은 우리에게 쉬라고 명령하십니다.

> 1천지와 만물이 다 이루어지니라 2하나님이 그가 하시던 일을 일곱째 날에 마치시니 그가
> 하시던 모든 일을 그치고 일곱째 날에 안식하시니라 3하나님이 그 일곱째 날을 복되게 하
> 사 거룩하게 하셨으니 이는 하나님이 그 창조하시며 만드시던 모든 일을 마치시고 그날에
> 안식하셨음이니라(창 2:1~3).

• students / p.22

일하는 것과 마찬가지로, 안식하는 것도 하나님을 반영하는 것입니다. 창세기 2장에서 하나님이 안식하신 대로, 사람은 일하고 안식함으로써 하나님을 반영할 수 있습니다. 하나님을 가장 닮은 피조물이 바로 사람입니다.

그리스도와의 연결

• students / p.22

하나님의 형상을 일상 가운데 잘 드러내고 있습니까? 세상을 지혜롭게 다스리고 있습니까? 하나님이나 다른 사람과의 관계는 어떠합니까? 일과 안식을 잘 조절하고 있습니까? 우리를 보고 세상이 하나님에 대해 어떻게 생각할 것 같습니까?

나쁜 소식이 하나 있습니다. 우리가 하나님의 형상으로서 제대로 살아내지 못하는 것은 작은 죄가 아니라는 것입니다. 우리의 실패가 하나님을 공격받게 만들기 때문입니다. 하나님의 형상으로서 제대로 살지 못하는 것은 세상에 하나님과 그분의 뜻을 거짓으로 전하는 것과 같습니다.

영광스럽고 좋은 소식도 하나 있습니다. 보이지 않는 하나님의 참형상인 예수님이 우리에게 오셨다는 사실입니다. 그분은 세상을 지혜롭게 다스리시며 만물을 능력으로 붙들고 계신 유일한 분입니다. 모든 피조물은 주님의 재림을 간절히 기다리고 있습니다. 하나님이나 다른 사람들과 완전한 관계를 맺고 계신 예수님만이 우리의 깨어진 관계를 회복시켜 줄 수 있습니다.

예수님은 하나님과 얼굴과 얼굴로 만나시는 분입니다. 그뿐 아니라 예수님의 얼굴이 곧 하나님의 얼굴입니다. 주님이 우리를 위해 행하신 선한 일, 즉 완전한 사람으로서 우리를 대신해 죽었다가 다시 살아나신 영광 덕분에 우리는 주님 안에서 안식할 수 있습니다. 구원받으려고 더 이상 애쓰지 않고 주님이 이루신 일 안에서 안식을 누립니다.

YOUR STORY

5~10분

하나님이 들려주시는 이야기는 오늘을 사는 나와 늘 연결되어 있습니다. 아래 질문에 답하면서 성경 이야기가 내 이야기와 어떻게 연결되는지 생각해 봅시다.

- **'사람이 하나님의 형상대로 지어졌다'는 사실로 인해 어떤 마음이 듭니까?**
  학생들에게 "HIS STORY" 첫 부분에 나왔던 질문을 상기시키고, 이 과를 마치는 시점에서 생각이 어떻게 달라졌는지 물어보세요.

- **물고기, 새, 심지어 벌레까지도 하나님이 우리에게 돌보라고 주신 피조물이라는 생각을 해 본 적이 있습니까?**
  대부분의 학생은 이런 식으로 피조물들을 생각해 본 적이 없을 것입니다. 자신을 하나님의 청지기보다는 소비자로 보기 때문입니다. 토론을 통해 학생들이 피조물에 대한 책임감을 깨달을 수 있도록 대화의 방향을 이끌어 주세요.

- **자신에게 하나님과의 관계는 몇 번째쯤 됩니까?**
  학생들이 충분히 생각하고 대답할 수 있도록 시간과 여유를 주세요.

- **자신이 맡은 일을 할 때 어떠한 태도로 합니까?**
  폭넓은 의미의 '일'에 대한 이야기임을 설명해 주세요. 매일 하는 학업, 집안일뿐 아니라 여름방학 때 하는 아르바이트까지 다양합니다. 학생들이 일을 성경적으로 바라보게끔 하여, 일이 얼마나 신성하고 가치 있는 것인지를 깨닫게 하는 것이 이 질문의 목적입니다. 일할 때는 주님께 하듯 해야 합니다.

하나님의 이야기
하나님이 그분의 아들
예수 그리스도를 통해
우리를 구속해 주신 이야기

우리의 이야기
우리의 이야기가
하나님의 이야기와
만나는 곳

5~10분

YOUR MISSION

생 각

하나님이 사람을 그분의 형상대로 지으셨다는 것은 누구든 외모, 능력, 재력, 지위와 상관없이 각각 고유한 가치를 지닌 존귀한 존재임을 의미합니다.

- **하나님이 사람을 그분의 형상대로 창조하셨다는 사실로 인해 무엇을 깨닫게 되었습니까?**
  인종, 성별, 문화, 심지어 죄에도 상관없이, 사람은 하나님의 형상으로서 존엄성과 가치가 있는 존재이며 저마다 고유한 개성을 가진 존재입니다.
- **사람이 하나님의 형상대로 창조되었음을 인정하지 않을 때 어떤 문제가 벌어질까요?**
  낙태, 안락사 등 인간의 생명과 관련된 논쟁거리들의 핵심이 되는 주제입니다. 사람이 피조물 가운데 유일하게 하나님의 형상으로 창조되었다는 진리를 아는 것은, 논쟁에 접근하는 방식에 지대한 영향을 미칩니다.

마 음

사람은 누구나 하나님의 형상대로 지음받았다는 사실은 다른 사람을 바라보는 시각을 바꾸어 줍니다. 믿는 자나 믿지 않는 자나 모두 하나님의 형상이라는 시각으로 바라보게 된다는 뜻입니다.

- **사람이 하나님의 형상대로 지음받았다는 사실을 기억한다면 다른 사람을 대하는 마음에 어떤 변화가 생길까요?**
  최소한 우리로 하여금 타인에 대한 존중과 동정을 잃지 않게 합니다. 왜냐하면 그들도 하나님의 형상을 지니고 있기 때문이지요.
- **하나님의 형상대로 지어졌음에도 그분의 뜻을 거스르며 사는 사람을 볼 때 무엇을 느낍니까?**
  우리는 슬퍼해야만 합니다. 왜냐하면 인간은 그렇게 살도록 지어진 존재가 아니기 때문입니다.

행 동

우리 안에 있는 하나님의 형상은 우리의 삶에서 드러나게 마련입니다. 사람들과의 관계에서만이 아니라 하나님이 우리에게 주신 자연을 돌보는 방식이나 우리가 일하거나 공부하고 쉬는 방식에서도 나타납니다. 나이에 상관없이 모든 사람은 각자 주어진 일을 하고 쉼을 누려야 합니다. 사람은 누구나 하나님이 우리에게 주신 지구의 한 귀퉁이에서 선이든 악이든 기여하며 살아갑니다.

- **친구, 가족뿐 아니라 모르는 사람까지 모두 하나님의 형상으로서 대우하기 위해 우리는 어떻게 달라져야 할까요?**
  이 질문에 대한 대답은 다양할 것입니다.
- **어떻게 하면 하나님의 형상을 반영하며 살아갈 수 있을지 좋은 아이디어가 있으면 나눠 봅시다.**
  이 질문에 대한 대답은 다양할 것입니다.

다음 모임까지
창세기 3~7장을
읽어 보세요.

03

실수라고 우길래?

요 약

이 과에서 우리는 인간의 '타락'에 대해 살펴볼 것입니다. 하나님께 거스르는 반항은 하나님 말씀의 선하심을 믿지 못하는 데서부터 시작됨을 보게 될 것입니다. 죄는 하나님 및 다른 사람들과의 관계를 깨뜨려 주변 세계에 대단히 파괴적인 결과를 초래합니다. 오직 하나님만이 우리를 죄와 그 결과로부터 구원하시고, 하나님 나라 안에서 살아갈 때 죄와 싸울 수 있는 능력을 부여하십니다.

성 경

창세기 3장 1~24절

HIS STORY

20~30분

포 인 트

죄가 하나님의 선한 피조물을 타락시키다.

등 장 인 물

@삼위일체 하나님(성부, 성자, 성령)
@아담과 하와(하나님이 그분의 형상대로 처음 창조하신 사람)
@사탄(에덴동산에서 뱀으로 변장)

메시지 좌표

지난 과에서 우리는 하나님이 세상을 창조하셨으며 사람을 그분의 형상대로 지으셨다는 것을 배웠습니다. 아버지가 자녀에게 좋은 것을 주듯이, 하나님은 아담과 하와에게 좋은 세상을 주어 돌보며 누리게 하셨습니다. 하나님이 만드신 것, 즉 해와 달과 별, 나무와 열매, 바다의 물고기와 하늘의 새, 땅의 동물이 모두 좋았습니다. 모두가 모두를 위해 존재했습니다. 무엇보다 하나님이 아담과 하와에게 자신을 드러내고 관계를 맺고 사귀셨다는 사실이 중요합니다.

모든 것이 좋았고 모두가 좋았기에, 하나님은 만드신 모든 것을 둘러보고 좋아하셨습니다. 당시 세상의 모습이 어땠는지 지금은 알기 어렵습니다. 지금 우리가 사는 세상은 하나님이 처음 만드셨던 세상과 많이 달라졌기 때문입니다. 그러나 태초의 세상은 하나님의 의도대로 완벽하고 아름다웠습니다. 성경의 처음 두 장까지, 즉 죄가 역사의 무대로 들어서기 전까지는 그랬습니다.

그런데 무엇이 잘못되었습니까? 에덴동산에서 무슨 일이 있었기에 세상과 인류가 오늘날 우리가 아는 모습대로 고착되어 버린 걸까요? 창세기 3장을 통해 그때 정확히 무슨 일이 일어났고, 죄가 어떻게 세상을 망가뜨렸는지를 살펴봅시다.

도 입

5~10분

지금까지 우리는 태초에 하나님이 세상을 창조하셨으며, 사람 즉 남자와 여자를 하나님의 형상대로 창조하셨다는 것을 배웠습니다. 그런데 하나님이 아담과 하와에게 에덴동산을 준비해 주시자마자, 바로 그곳에서 하나님께 거스르는 일이 벌어졌습니다. 이 과에서 우리는 그것을 목격하게 될 것입니다. 그 결과로 하나님이 그들을 에덴동산에서 추방하십니다.

▶ 만일 아담과 하와가 죄를 한 번도 짓지 않고, 에덴동산에서 계속 살았다면 어떻게 되었을까요?

학생들에게 이 질문에 대해 곰곰히 생각해 보라고 하면서 하나님이 불순종한 아담과 하와에게 어떤 저주를 내리셨는지를 떠올려 보라고 하십시오(창 3:16~19).

도입 선택

학생들을 3명씩 한 조로 나눠 세 가지 역할, 즉 토크쇼 사회자와 아담과 하와 중 하나의 역할을 맡으라고 합니다. 토크쇼 사회자에게는 아담과 하와를 인터뷰할 질문을, 아담과 하와에게는 대답을 미리 준비해 오라고 하세요. 이때 함께 의논해서 준비하면 안 됩니다.

그리고 수업 시간에 팀마다 인터뷰하는 시간을 갖습니다. 모든 팀이 인터뷰를 발표하고 나면, 그중에 주목할 만했던 내용을 뽑아 토론하게 하세요.

반항이란 스위치로 켜진 의심의 불

students / p.26

창세기 3장은 하나님과 사람 사이에 무슨 일이 일어날 것만 같은 분위기로 시작합니다. 결국 신뢰에 금이 가면서 관계가 어그러지고 말았습니다. 의심이 사람의 마음에 들어와서 좋으신 하나님을 신뢰하는 마음을 헤집어 놓은 것입니다.

> 1그런데 뱀은 여호와 하나님이 지으신 들짐승 중에 가장 간교하니라 뱀이 여자에게 물어
> 이르되 하나님이 참으로 너희에게 동산 모든 나무의 열매를 먹지 말라 하시더냐 2여자가
> 뱀에게 말하되 동산 나무의 열매를 우리가 먹을 수 있으나 3동산 중앙에 있는 나무의 열
> 매는 하나님의 말씀에 너희는 먹지도 말고 만지지도 말라 너희가 죽을까 하노라 하셨느
> 니라 4뱀이 여자에게 이르되 너희가 결코 죽지 아니하리라 5너희가 그것을 먹는 날에는
> 너희 눈이 밝아져 하나님과 같이 되어 선악을 알 줄 하나님이 아심이니라 6여자가 그 나
> 무를 본 즉 먹음직도 하고 보암직도 하고 지혜롭게 할 만큼 탐스럽기도 한 나무인지라 여
> 자가 그 열매를 따먹고 자기와 함께 있는 남편에게도 주매 그도 먹은지라 7이에 그들의 눈
> 이 밝아져 자기들이 벗은 줄을 알고 무화과나무 잎을 엮어 치마로 삼았더라(창 3:1~7).

연 대 표

타락
THE FALL
사람이 죄를 범하면서 하나님이 선하게 창조하신 것들이 왜곡되다.

가인과 아벨
CAIN AND ABEL
형제를 살인하는 극악한 모습 가운데 인류 타락의 심각함이 드러나다.

노아
NOAH
홍수 사건 가운데 심판과 은혜가 모두 드러나다.

뱀은 의심을 집어넣는 데서부터 시작합니다. "하나님이 정말 그러셨어?" 하나님의 말씀을 부인하지는 않지만 논쟁거리로 만듭니다. "정말? 하나님이 정말로, 진짜로 그렇게 말씀하셨어?"

뱀이 하나님의 말씀을 어떻게 왜곡하는지도 주목해서 보십시오. 하나님은 아담과 하와에게 동산에 있는 모든 나무의 열매 중에 단 한 가지만 빼고 나머지는 모두 먹어도 된다고 하셨는데, 뱀이 교묘하게 바꿔 버립니다. "하나님이 정말로 어떤 나무의 열매도 먹지 말라고 하신 거야?"

students / p. 26

뱀은 아담과 하와를 유혹할 때, 설명이 아닌 질문으로 공격을 시작했습니다. 뱀의 목표는 아담과 하와가 하나님의 선하심을 의심하도록 만드는 것이었습니다. 뱀은 질문한 후에 거짓말까지 했습니다. "너희가 결코 죽지 아니하리라"(창 3:4). 죄는 하나님의 선하심을 의심하는 것에서 시작하여 하나님의 말씀을 부인하는 것으로 끝납니다.

하나님 말씀의 진실성에 대해 의심한 적이 있나요?

뱀은 아담과 하와로 하여금 자기들이 뭔가 갖지 못한 게 있고, 하나님이 그들에게 주실 행복이 있는데도 주지 않고 계신다고 생각하게끔 만들길 원했습니다. 결국 하와가 열매를 먹었고, 아담도 따라서 먹었습니다.

이 단순한 불순종의 행동이 상상할 수 없는 결과를 낳았습니다. 에덴동산에서 일어난 일은 단순한 실수가 아닙니다. 그것은 하나님을 향한 반항인 것입니다.

본문으로 더 깊이

죄는 가장합니다. 그래서 알아채기가 어렵습니다. 죄가 매우 근사해 보인다는 사실이야말로 죄가 저지르는 악행 중 하나입니다. … 타락한 세상 속에서 산다는 것은 최악의 가면 파티에 참석하는 것과 같습니다. 기다리지 못하고 소리 지르느라 진리에 대한 열정이라는 복장이 닳아 버립니다. 정욕이 아름다운 사랑으로 둔갑합니다. 뒤에서 헐뜯는 말이 관심과 기도라는 옷을 입고 악한 일을 할 수 있습니다. 권력과 지배에 대한 욕심이 성경적 리더십의 가면을 씁니다. 사람을 두려워함이 종의 마음이라는 옷을 차려입습니다. 자신은 항상 옳다는 교만이 성경의 지혜를 사랑하는 모습으로 가장합니다. 악은 자신을 악하다고 드러내지 않습니다. 그래서 사람을 끌어당깁니다. 죄의 교묘한 손길을 알아차리려면, 죄의 DNA가 기만이라는 사실을 깨달아야 합니다. 이것이 우리에게 의미하는 것은, 죄인 된 우리는 모두 능수능란한 사기꾼이라는 것입니다. … 우리는 우리 자신의 잘못을 선으로 보는 데 익숙해져 있습니다.

_폴 데이빗 트립
Paul David Tripp, *Whiter Than Snow* (Wheaton: Crossway, 2008), 32.

알짬 교리 99
죄 - 반역

성경은 사람을 책임적 존재, 즉 하나님의 계시에 믿음과 순종으로 대답하고 행동하도록 부름받은 존재로 묘사합니다. 그래서 종종 죄를 왕이신 하나님께 대한 거역과 반역으로 묘사하곤 합니다. 대표적인 예로 이사야서의 말씀을 들 수 있습니다. "하늘이여 들으라 땅이여 귀를 기울이라 여호와께서 말씀하시기를 내가 자식을 양육하였거늘 그들이 나를 거역하였도다"(사 1:2). 죄란 의지적으로 불순종을 선택하는 것이며, 창조주께 반기를 드는 것이라고 할 수 있습니다.

모든 관계를 끊어 놓는 만능 가위, 죄

students / p.27

아담과 하와는 죄의 영향을 즉시 받았습니다. 그들은 반항심을 따라 행동한 후, 이전과 달리 서로의 벌거벗은 모습을 의식하기 시작했습니다. 하나님이 지으신 아름다운 세상에 수치심이 들어온 것입니다. 자신이 벌거벗었다는 사실을 깨달은 첫 남자와 첫 여자는 무화과나무의 잎으로 몸을 가렸습니다.

> 8그들이 그날 바람이 불 때 동산에 거니시는 여호와 하나님의 소리를 듣고 아담과 그의 아
> 내가 여호와 하나님의 낯을 피하여 동산 나무 사이에 숨은지라 9여호와 하나님이 아담을
> 부르시며 그에게 이르시되 네가 어디 있느냐 10이르되 내가 동산에서 하나님의 소리를 듣
> 고 내가 벗었으므로 두려워하여 숨었나이다 11이르시되 누가 너의 벗었음을 네게 알렸느
> 냐 내가 네게 먹지 말라 명한 그 나무 열매를 네가 먹었느냐 12아담이 이르되 하나님이 주
> 셔서 나와 함께 있게 하신 여자 그가 그 나무 열매를 내게 주므로 내가 먹었나이다 13여호
> 와 하나님이 여자에게 이르시되 네가 어찌하여 이렇게 하였느냐 여자가 이르되 뱀이 나를
> 꾀므로 내가 먹었나이다 14여호와 하나님이 뱀에게 이르시되 네가 이렇게 하였으니 네가
> 모든 가축과 들의 모든 짐승보다 더욱 저주를 받아 배로 다니고 살아 있는 동안 흙을 먹을
> 지니라 15내가 너로 여자와 원수가 되게 하고 네 후손도 여자의 후손과 원수가 되게 하리니
> 여자의 후손은 네 머리를 상하게 할 것이요 너는 그의 발꿈치를 상하게 할 것이니라 하시
> 고 16또 여자에게 이르시되 내가 네게 임신하는 고통을 크게 더하리니 네가 수고하고 자식
> 을 낳을 것이며 너는 남편을 원하고 남편은 너를 다스릴 것이니라 하시고(창 3:8~16).

하나님의 선한 말씀을 뱀의 거짓말과 맞바꾸기 전까지 아담과 하와는 벌거벗었어도 옷을 입은 듯 편안하게 느꼈습니다. 하나님의 은총을 입고 있었기 때문이죠. 수치스러움을 몰랐고, 안전했으며 풍족했습니다. 그러나 그들은 하나님의 선하심에 대해 의문을 갖고 의심함으로써 수치심이란 것을 세상 속으로 들여옵니다. 그러자 은총은 사라지고 벌거벗음이 느껴졌습니다.

students / p.27 >

죄짓기 전에는 부끄러움도, 감출 것도 없었습니다. 하나님 앞에서나 서로 간에 아무런 거리낌이 없었습니다. 아주 편안하고 안전한 세상이었고, 서로를 온전히 사랑했습니다.

연대표

바벨탑
TOWER OF BABEL
사람이 끈질기게 자신을 높이며 교만하게 행하나, 하나님의 영광을 결코 끌어내리지 못하다.

아브라함을 부르심
THE CALLING OF ABRAHAM
하나님이 아브라함과 언약을 맺으시다.

아브라함과 이삭
ABRAHAM AND ISAAC
아들을 제물로 바치라는 명령으로 아브라함이 믿음을 시험받다.

본문으로 더 깊이

창세기 3장 17~24절은 죄 때문에 어그러진 또 다른 관계를 보여 줍니다. 죄는 인간과 피조물과의 관계도 망쳤습니다. 하나님에 대한 반항은 우리와 하나님과의 관계만 망가뜨린 것이 아니라, 선한 세상의 완벽한 평화까지도 산산이 부수었습니다.

태초에 하나님은 인간에게 생육하고 번성하여 땅에 충만하라고 축복해 주셨습니다(창 1:28). 그러나 이제 그것은 여자의 고통과 괴로움을 통해 이뤄질 것입니다(창 3:16). 하나님은 우리에게 땅을 정복하라고 하셨습니다. 그러나 이제 그것은 고된 노동과 가시덤불과 엉겅퀴와의 싸움을 통해서만 이룰 수 있을 것입니다. 이마에 땀을 흘리며 수고해야 먹고살 수 있는 세상이 될 것입니다(창 3:17~19). 하나님은 원래 우리에게 고귀한 일(노동)과 아름다운 출산을 주셨습니다. 그런데 일은 땅의 저주와 맞닥뜨리게 되었고, 출산은 고통으로 일그러지게 되었습니다.

본문은 추방이라는 엄혹한 현실로 끝이 납니다. 하나님의 선한 세상이 인간의 죄로 인해 손상되었고, 우리는 에덴동산의 완벽한 세계로부터 격리되었습니다. 그러나 인류가 모든 희망을 잃은 것은 아닙니다. "그리스도와의 연결"에서 그 희망을 살펴볼 것입니다.

예나 지금이나 사람 마음은 다 똑같아서 이해받고 사랑받기를 원합니다. 그런데 수치심이 관계를 완전히 망쳐 버리고 말았습니다. 우리는 불안해합니다. '내가 아끼고 사랑하는 사람이 진짜 내 모습을 본다면 어떻게 될까?' '매일같이 내 마음속에 오가는 비밀스러운 생각을 알게 된다면, 그래도 나를 사랑해 줄까? 아니면 나를 떠나 버릴까?'

하나님은 온전히 이해받고 사랑받도록 사람을 창조하셨지만, 우리 안에 죄가 들어오면서 모든 것이 달라졌습니다. 있는 그대로의 모습으로는 사랑받을 수 없다고, 누군가를 속속들이 알게 되면 도저히 사랑할 수 없을 것이라고 믿게 되었습니다. 그래서 우리는 진짜 모습을 감추고, 속마음을 숨기려고 애씁니다.

깨진 것은 하나님과의 관계만이 아닙니다. 다른 사람들과의 관계도 깨졌습니다. 아담이 하와를 처음 봤을 때 "이는 내 뼈 중의 뼈요 살 중의 살이라"라고 감탄하며 느꼈던 순수한 기쁨과 감격이 비난과 적대감으로 바뀌었습니다.

이 시점부터 인간의 모든 관계가 어그러졌습니다. 완벽하고 온전한 관계란 없을 것입니다. 한때 에덴동산에서 누렸던 온전한 관계에서 오는 완벽한 행복을 학대, 술수, 적대감이 대체할 것입니다. 그럼에도 불구하고 우리 인간에게 아직 희망이 남아 있어요. 이를 곧 보게 될 것입니다.

그리스도와의 연결

students / p. 28

타락과 심판이라는 슬픈 장면 가운데 자비가 한 가닥 드러납니다. 하나님이 아담과 하와를 에덴동산에서 쫓아내기 전에 그들에게 가죽옷을 지어 입히신 것입니다. 하나님은 그들이 벗은 몸을 가릴 수 있도록 해 주셨습니다. 그뿐 아니라 15절에 나오듯 뱀에게 말씀하셨습니다. 장차 한 아들이 하와를 통해 태어날 것이고, 그 아들이 발뒤꿈치를 상하더라도 뱀의 머리를 부술 것이라고 말입니다. 마침내 구원자가 오시면 뱀은 패배할 것입니다. 에덴동산에 풀려난 악이 하와의 아들이 오실 때 뿌리째 뽑힐 것입니다.

장차 이 땅에 오실 하나님의 아들이 희생하여 구속 사역을 이루실 것을 미리 짊어 주신 것입니다. 그분이 우리의 죄를 없애고, 우리의 수치를 그분의 의로 덮으실 것입니다.

아담과 하와는 죄 때문에 하나님이 계신 곳으로부터 분리되었습니다. 두루 도는 불 칼을 통과하지 않는다면 돌아갈 길도 없습니다. 그러나 그 불 칼이 언젠가 십자가에 매달린 여자의 후손 위에 임할 날이 올 것입니다. 아들이 아버지로부터 추방됨으로써 우리가 하나님 아버지와 다시 연합될 것입니다. 우리가 유배지에서 돌아올 수 있도록 아들이 불 칼에 맞서실 것입니다.

하나님의 아들께서 세상에 오셔서, 타락으로 인해 잘못된 모든 것을 되돌려 놓으셨습니다(창 3장). 사탄이 우리 마음에 던져 놓은 질문이 있었습니다. '하나님은 선하신가?', '우리를 향한 그분의 뜻은 선한가?', '그분을 신뢰해도 되는가?' 이 질문에 주님이 손과 발의 못 자국과 옆구리의 상처로 답해 주셨습니다. 주님은 우리 대신 죄를 짊어지심으로써 우리로 하여금 주님 안에서 하나님의 의가 되게 하셨습니다. "하나님이 죄를 알지도 못하신 이를 우리를 대신하여 죄로 삼으신 것은 우리로 하여금 그 안에서 하나님의 의가 되게 하려 하심이라"(고후 5:21).

YOUR STORY

5~10분

하나님이 들려주시는 이야기는 오늘을 사는 나와 늘 연결되어 있습니다. 아래 질문에 답하면서 성경 이야기가 내 이야기와 어떻게 연결되는지 생각해 봅시다.

▸ **죄를 단순한 '실수'나 '실패'로 보는 편인가요?**
반항이란 자기 뜻으로 하는 적극적인 행동이지, 그저 소극적으로 어깃장을 놓는 정도가 아닙니다. 죄를 실수와 실패라고 생각할 수 있지만, 사실 훨씬 그 이상입니다.

▸ **하나님과의 관계가 깨어진 사람은 어떤 징후를 나타낼까요?**
하나님을 향한 사랑이 식는 대신 세상을 더욱 사랑하고, 하나님과 그분의 말씀에 어긋나는 말과 행동을 하는 것을 징후의 예로 들 수 있습니다. 학생들이 다양한 예를 생각할 수 있도록 시간을 주고, 하나님으로부터 죄를 숨기는 모습들도 생각해 보게 해 주세요.

▸ **본문에 언급된 관계에 대해 생각하며, 깨어진 관계의 예를 들어 봅시다.**
아마도 학생들은 이혼과 같은 가정 문제에서부터 나라 간의 전쟁까지 다양한 예를 들 것입니다. 복음의 해답에 대해서는 "그리스도와의 연결"을 참고해 예수 그리스도께서 깨어진 관계들을 회복시켜 주신다는 사실을 일깨워 주십시오.

▸ **죄가 사회의 여러 영역, 즉 가정·정부·교회·환경·문화 등에 어떤 영향을 미쳤을지 생각해 봅시다.**
죄가 자리 잡은 영역들에 대해 학생들이 스스로 생각해 보도록 도우십시오. 가령 가족의 해체나 정부의 부정부패 같은 것들이 있을 것입니다. 이 질문의 목적은 죄가 멀리 광범위하게 영향을 미치며, 그리스도인은 각 영역에서 죄에 대항해 싸우는 것에 분발해야 함을 일깨워 주는 데 있습니다.

하나님의 이야기
하나님이 그분의 아들
예수 그리스도를 통해
우리를 구속해 주신 이야기

우리의 이야기
우리의 이야기가
하나님의 이야기와
만나는 곳

5~10분

YOUR MISSION

생각

타락이 역사적 사실임을 아는 것은 우리 자신과 세상을 이해하는 데 꼭 필요합니다. 하나님과의 관계가 깨어진 채 고통을 겪는 일이 왜, 언제, 어디서부터 시작되었는지 알아야 합니다. 다양한 세계관과 사상이 그 원인을 설명하려 애쓰지만, 오직 성경만이 그 답을 줄 수 있습니다. 아주 오래전에 사람이 창조주께 대항해 반기를 들었기 때문이라는 사실 말입니다.

- **세상에 죄가 가득하다는 사실을 이해하는 것이 왜 중요합니까?**
  성경의 설명이 없었다면, 우리는 어쩌다 이렇게 잔인한 현실을 살게 되었는지 올바로 이해하지 못하고 당황할 것입니다.
- **아담과 하와의 타락은 죄와 유혹에 대해 무엇을 깨닫게 합니까?**
  하나님의 말씀에 대한 의심, 하나님이 우리를 위해 가장 좋은 것을 마련하신다는 것에 대한 의심 등에 대해 이야기를 나눌 수 있을 것입니다.

마음

사람의 타락으로 인해 사람의 마음을 비롯한 모든 것이 죄의 영향을 받게 되었습니다. 타락한 뒤로 사람은 하나님의 마음을 아프게 하는 일을 해 왔습니다. 죄가 우리 마음에 물들고 말았기 때문입니다. 우리에게는 새 마음이 필요합니다.

- **마음과 행동은 서로 어떤 관련이 있습니까?**
  그 사람의 본질의 중심을 나타내는 마음은 행동으로 이어집니다. 시기하는 마음이 도둑질이라는 결과를 낳을 수 있다는 것입니다. 마음은 뿌리이며, 행동은 그의 삶의 결과입니다.
- **다른 사람과 사이가 나빠졌을 때 자신이 그에게 어떤 죄를 지었는지 돌이켜 본 적이 있습니까?**
  이 질문에 대한 대답은 다양할 것입니다.

행동

사람의 타락은 인류의 역사를 영원히 바꿔 놓았고, 하나님과 다른 사람과의 관계, 하나님이 지으신 세상과의 관계를 모조리 망가뜨렸습니다. 그럼에도 불구하고 하나님은 깨어진 관계들을 회복시키기 위해 여전히 일하고 계십니다. 이 과에서 살펴보았듯이, 하나님은 잃어버린 것을 되찾는 일을 아들을 통해 하고 계십니다.

- **만물을 회복하시는 하나님의 자녀로서 우리는 어떻게 살아가야 할까요?**
  이 질문에 대한 대답은 다양할 것입니다.
- **하나님의 말씀을 신뢰하는 사람으로 살기 위해 한 주 동안 실천할 수 있는 일들을 적어 보세요.**
  이 질문에 대한 대답은 다양할 것입니다.

다음 모임까지
창 8~11장; 시 12편을
읽어 보세요.

자료 1

창세기에서 만나는 예수님

첫 사람 아담	죽음을 가져옴 (창 3장)	마지막 아담	생명을 가져옴 (롬 5장)
원복음	뱀으로부터의 구원을 약속하심 (창 3:15)	복음의 성취	예수님이 마귀의 일을 멸하심 (요일 3:8)
아벨의 피	정의를 호소함 (창 4장)	예수님의 피	용서를 선포함 (히 12:24)
홍수	방주가 노아의 가족을 구함 (창 6~8장)	세례	우리를 구원한 예수님의 부활 (벧전 3:20~21)
약속을 받은 아브라함	자손을 얻고 세상에 복을 줌 (창 12장)	예언을 성취하신 예수님	자녀 삼아 주시고 세상을 죄 가운데서 구원하심 (갈 3장)
희생될 뻔한 이삭	"하나님이 자기를 위하여 친히 준비하시리라" (창 22장)	십자가에 못 박히신 예수님	"하나님의 어린양" (요 1:29)
하늘에 연결된 사다리(또는 계단)	하나님의 임재 약속 (창 28장)	사다리(또는 계단)이신 예수님	하나님의 임재가 충만함 (요 1:51)
요셉이 고난받다	하나님의 계획에 따라 (창 50:20)	예수님이 고난을 받으시다	하나님의 계획에 따라 (행 2:23)
요셉이 용서하다	그의 형제들을 (창 45장)	예수님이 용서하시다	죄인들을 (눅 23:34)
요셉이 구하다	기근으로부터 백성을 (창 45장)	예수님이 구원하시다	죄로부터 사람들을 (행 2:36~41)

04

죄 폭탄을 품지 마!

요 약

이 과에서 우리는 죄가 어떻게 해서 아담과 하와로부터 자녀 세대인 가인과 아벨에게까지 확산되었는지 살펴볼 것입니다. 죄는 마음속 악한 욕망으로 시작해서 하나님과 이웃을 대적하는 행동들로 이어집니다. 하나님의 정죄를 받아 마땅한 행동입니다. 그러나 감사하게도 하나님은 자비로운 약속을 주셨고, 그것은 우리 죄를 이길 만큼 충분히 강력합니다. 하나님의 은혜를 통해 우리는 구원을 받습니다.

성 경

창세기 4장 1~16, 25~26절

HIS STORY

20~30분

포 인 트

죄는 마음과 행동을 통해 확산된다.

등 장 인 물

@삼위일체 하나님(성부, 성자, 성령)
@가인(아담과 하와의 첫째 아들)
@아벨(아담과 하와의 둘째 아들)

메시지 좌표

지난 과에서 우리는 하나님이 창조하신 세계가 사람의 타락 때문에 망가지는 것을 보았습니다. 아담과 하와는 하나님의 말씀을 신뢰하며 그분의 통치 아래 사는 대신, 불순종하고 등을 돌렸습니다. 창세기의 첫 두 장에서 살펴본 즐거운 시작과는 완전히 다른 암울한 이야기였습니다. 그러나 낙원에서 추방당하는 절망스러운 상황 가운데서도 하나님이 남자와 여자에게 주신 말씀 속에서 희망을 발견할 수 있습니다. 장차 오실 여자의 후손이 잃어버린 것들을 회복하고 뱀의 머리를 부술 것이라는 약속을 주셨기 때문입니다.

창세기 3장은 아담과 하와의 추방으로 끝났지만, 4장은 희망으로 시작됩니다. 하와가 두 아들을 얻고 하나님의 도우심이었다고 선포합니다. 하나님은 뱀의 머리를 상하게 할 아들을 주겠다는 약속을 이루어 가기 시작하셨습니다. 인류의 첫 가정으로부터 죄가 암처럼 퍼져 가는 모습을 볼수록 우리는 약속의 성취를 더욱더 간절히 소망하게 됩니다.

도 입

5~10분

다음 글을 읽어 준 후, 토론하게 하십시오(아래 질문 참고).

나: *심장이 터질 듯 쿵쾅거려. 아무것도 할 수가 없어. 뇌가 멈춰 버린 것 같아.*

(그때 양심이 마음에 말을 건다.)

양심: *안 돼! 지금 하려는 그것, 하지 마! 하면 안 돼!*

나: *험담하고 싶어서 입이 근질근질해. 혼자 있으니까 음란 사이트가 유혹해. 화가 나서 미칠 것 같아. 하면 안 되는 걸 아는데, 어쩔 수가 없어.*

죄에는 사람을 꾀고 유혹하는 힘이 있습니다. 우리는 그것에 저항해야 한다는 것을 알면서도 그냥 죄를 저질러 버리곤 합니다 성경에서는 구원의 아름다움이 두드러져 보이기 때문에 죄의 추악한 면이 더욱 밝히 드러납니다. 죄에 있어 위험한 것은, 죄에 대해 너무 많이 아는 것이 아니라 죄에 대한 이해가 너무 부족한 것입니다. 얄팍한 진단으로는 제대로 된 치료법을 알 길이 없고, 불완전한 치료법으로는 병이 나을 희망이 없습니다.

▶ 세상이 분노, 정욕, 거짓말 등 죄에 대해 권하는 '불완전한 치료법'에는 어떤 것들이 있을까요? 무엇이 그 치료법들을 불완전하게 만들까요?

죄는 마음의 기생충

1아담이 그의 아내 하와와 동침하매 하와가 임신하여 가인을 낳고 이르되 내가 여호와
로 말미암아 득남하였다 하니라 2그가 또 가인의 아우 아벨을 낳았는데 아벨은 양 치는
자였고 가인은 농사하는 자였더라 3세월이 지난 후에 가인은 땅의 소산으로 제물을 삼
아 여호와께 드렸고 4아벨은 자기도 양의 첫 새끼와 그 기름으로 드렸더니 여호와께서 아
벨과 그의 제물은 받으셨으나 5가인과 그의 제물은 받지 아니하신지라 가인이 몹시 분하
여 안색이 변하니 6여호와께서 가인에게 이르시되 네가 분하여 함은 어찌 됨이며 안색이
변함은 어찌 됨이냐 7네가 선을 행하면 어찌 낯을 들지 못하겠느냐 선을 행하지 아니하면
죄가 문에 엎드려 있느니라 죄가 너를 원하나 너는 죄를 다스릴지니라(창 4:1~7).

도입 선택

학생 몇 명에게 율법이나 명령 가운데 하나를 선택해서(예, 마 4:10; 5:16; 6:19; 7:1; 히 12:14; 13:2 등) 그것에 순종하는 '좋은 예'와 '나쁜 예'를 보여 주는 연극을 준비하게 하십시오.
공연이 끝나면 관람한 학생들에게 주제를 알아맞히게 하세요. 그리고 연극에서 본 '좋은 예'와 '나쁜 예'의 유사점과 차이점에 관해 함께 토론하십시오.

유사점을 논할 때는 불순종을 종교적 행위로 그럴듯하게 가장할 수 있다는 점을 강조하세요.

차이점을 논할 때는 마음에 따라 행동과 태도가 달라지는 점을 이야기하십시오. 이것이 바로 내면을 간과하지 말아야 할 이유입니다.

연 대 표

가인과 아벨
CAIN AND ABEL
형제를 살인하는 극악한 모습 가운데 인류 타락의 심각함이 드러나다.

노아
NOAH
홍수 사건 가운데 심판과 은혜가 모두 드러나다.

students / p. 32

창세기 4장에서 우리는 죄의 걷잡을 수 없는 속성을 보게 됩니다. 알고 보니, 죄가 아담과 하와뿐 아니라 자녀의 마음에까지 파고들었습니다.

가인의 질투심 이야기는 죄가 퍼져 가는 모습을 보여 줍니다. 가인과 아벨 모두 각자 일해 얻은 것에서 제물을 골랐는데, 하나님은 아벨의 제사만 받으셨습니다. 그 이유를 히브리서에서 찾을 수 있습니다. "믿음으로 아벨은 가인보다 더 나은 제사를 하나님께 드림으로 의로운 자라 하시는 증거를 얻었으니 하나님이 그 예물에 대하여 증언하심이라"(히 11:4). 가인의 마음은 질투심으로 가득 차 부글거렸습니다.

하나님이 아벨의 제물을 받으신 것은 그가 믿음으로 바쳤기 때문입니다. 가인은 자기의 제물이 거절당한 것을 알았을 때, 마음속에서부터 뭔가 부글거리는 것을 느꼈습니다. 그것은 그의 마음을 어둡게 하고 좀먹어 들어갔습니다. 가인은 부모의 발자취를 그대로 따라갔습니다.

students / p. 32

악한 행동을 하고 싶을 만큼 악한 마음이 가득 찼지만, 그 마음을 이긴 적이 있습니까?

학생들에게 악한 행동들을 말해 보라고 하고, 교사가 보드나 큰 종이에 받아 적습니다. 그러고 나서 그 행동들에 선행하는 나쁜 욕망이 무엇인지 알아보십시오.

students / p. 32

중요한 사실이 있습니다. 하나님은 가인이 죄를 짓기 전에 미리 나타나 진실을 말씀해 주셨습니다. 하나님은 가인이 죄를 범하기 전에 먼저 은혜를 베푸셨습니다. 가인이 죄의 유혹에서 벗어날 수 있도록 탈출구를 마련해 주셨던 것입니다.

왜냐하면, 하나님은 죄를 심각하게 여기시기 때문입니다. 하나님은 가인에게 마음속에 있는 나쁜 욕망을 죽이라고 하셨습니다. 그것이 그를 죽이기 전에 말입니다. 만일 우리가 이 이야기를 너무 서둘러 지나간다면, 아름다운 하나님의 개입을 놓칠 수 있습니다.

사람들은 이렇게 생각할지 모릅니다. '인간은 이미 끝났다. 죄가 인간을 복구 불가능할 정도로 망쳐 놓았으니 하나님도 포기하실 것이다. 하나님은 가인이 받는 유혹 따위엔 관심이 없으시다.'

그러나 그렇지 않습니다. 하나님은 그런 분이 아니십니다. 하나님은 죄에 무관심하지 않으십니다. 왜냐하면, 인간에게 무관심하지 않으시기 때문입니다. 사랑하면 끼어들 수밖에 없습니다. 본문에 나타난 하나님의 개입은 하나님이 세상 모든 죄악에 매우 깊이 마음 쓰신다는 것을 보여 줍니다. 부당한 모든 행동은 문제시되고 헤아림을 받게 될 것입니다. 어떤 선행이나 악행도 하나님의 눈을 피할 수 없습니다.

하나님은 가인에게 유혹을 거절하고, 악한 욕망을 다스리라고 조언하셨습니다. "죄를 다스림으로써 올바로 행동하라! 죄의 명령에 굴복하지 말라!" 내면에서 나쁜 욕망이 일어나 악한 행동으로 이어지는 것에 우리는 가인만큼이나 익숙합니다. 우리도 하나님의 조언에 귀 기울이지 않는 때가 무수히 많기 때문입니다.

하나님은 우리 삶 속의 모든 악한 행동들에 주의를 기울이십니다. 그리고 사랑으로 우리에게 조언해 주십니다. 그러나 죄로 가득 찬 우리는 주님의 조언을 거절하지요. 가인이 그랬던 것처럼 말입니다. 악한 욕망은 악한 행동을 낳습니다.

연 대 표

바벨탑
TOWER OF BABEL
사람이 끈질기게 자신을 높이며 교만하게 행하나, 하나님의 영광을 결코 끌어내리지 못하다.

아브라함을 부르심
THE CALLING OF ABRAHAM
하나님이 아브라함과 언약을 맺으시다.

아브라함과 이삭
ABRAHAM AND ISAAC
아들을 제물로 바치라는 명령으로 아브라함이 믿음을 시험받다.

아브라함의 상속자가 약속을 받다
ABRAHAM'S HEIRS RECEIVE THE PROMISE
하나님이 주신 언약이 아브라함의 후손에게 계승되다.

알짬 교리 **99**

세상에 미친 죄의 영향

죄는 하나님과의 관계에만 영향을 미치지 않습니다. 주변 사람과의 관계도 깨어지게 합니다. 무엇이든 일그러뜨리는 죄의 영향을 어디서든 볼 수 있습니다. 하지만 좋은 소식이 있습니다. "통치자들과 권세들과 이 어둠의 세상 주관자들과 하늘에 있는 악의 영들"(엡 6:12)과의 전쟁에서 우리가 이길 것이라는 소식입니다. 그 승리는 그리스도께서 하신 일을 통해 이루어집니다.

마음의 병은 악한 행동을 이끈다

students / p. 33

가인은 죄의 유혹을 피하라는 하나님의 조언을 들었지만 따르지 않았습니다. 결국 분노가 죄를 낳았고, 그의 마음속에 확고히 자리 잡은 죄가 사망을 낳았습니다.

8가인이 그의 아우 아벨에게 말하고 그들이 들에 있을 때에 가인이 그의 아우 아벨을 쳐

본문으로 더 깊이

여태까지 성경에 언급된 다른 인간은 가인의 부모뿐이지만, 가인이 보복을 두려워한 것은 이해할 만합니다. 아담이 930년 동안 많은 자녀를 낳아서(창 5:4~5), 미래 세대들이 복수할 수 있었습니다. 하나님이 가인에게 표를 주셔서 보호하셨다는 것은, 하나님이 중죄를 처벌하라고 하셨다는 것과 모순되지 않습니다(창 9:6). 그 표로 하나님은 생사여탈권이 하나님의 특권이라는 것을 선포하셨습니다. 그것은 가인이 주제넘게 아벨을 살해한 것과 대조됩니다.

_케네스 A. 매튜스
Kenneth A. Mathews, *The Apologetics Study Bible* (Nashville: B&H, 2007), 12, n. 4:12,16-17; n. 4:15.

죽이니라 [9]여호와께서 가인에게 이르시되 네 아우 아벨이 어디 있느냐 그가 이르되 내가
알지 못하나이다 내가 내 아우를 지키는 자니이까 [10]이르시되 네가 무엇을 하였느냐 네
아우의 핏소리가 땅에서부터 내게 호소하느니라 [11]땅이 그 입을 벌려 네 손에서부터 네
아우의 피를 받았은즉 네가 땅에서 저주를 받으리니 [12]네가 밭을 갈아도 땅이 다시는 그
효력을 네게 주지 아니할 것이요 너는 땅에서 피하며 유리하는 자가 되리라(창 4:8~12).

students / p. 33

가인은 악한 욕망을 행동으로 옮겨 죄 없는 동생을 죽였습니다. 사탄이 울부짖는 사자처럼 덮치기 위해 가인을 기다렸고, 가인도 아벨에게 그렇게 했습니다. 마귀가 한 그대로 남들에게도 하면 그것이 죄입니다. 죄란 악한 욕망에서 시작하여 다른 사람을 향한 악한 행동으로 끝나게 마련입니다.

그다음에 무슨 일이 일어났는지 주목해 봅시다. 하나님은 가인이 죄를 저지른 후에도 먼저 찾아오셨습니다. 회개할 기회를 주고자 그에게 말을 거셨습니다. "가인아, 네 동생 아벨이 어디 있느냐? 네가 무슨 짓을 했느냐?"

어디선가 들어본 말 같지 않습니까? 아담과 하와가 죄를 저지른 후에 하나님이 찾아와 물으셨습니다. "아담아, 네가 어디 있느냐?" 하나님은 아담과 아벨이 어디 있는지 아셨을 텐데 왜 물으셨을까요? 회개할 기회를 주기 위해 그렇게 하셨습니다.

우리가 죄를 지을 때도 하나님은 비난 대신 회개로 우리를 초청하십니다. 유혹받을 때 죄에 저항하라고 말씀하십니다. 범죄의 순간에는 회개하고 하나님께로 돌아갈 기회를 주십니다. 안타깝게도 가인은 회개하지 않았고, "내가 알지 못하나이다"라는 거짓말과 "내가 내 아우를 지키는 자니이까"라는 질문으로 증오에 찬 냉담한 마음을 드러냈습니다.

이후에 가인이 죄를 회개하고 구원을 받았다는 징후는 없습니다. 다만, 하나님은 가인에 대한 정당한 심판을 내리시기 전에 잠깐 동안 심판을 유보하셨습니다. 가인은 악한 죄를 지었지만, 그럼에도 하나님은 끝까지 사랑으로 너그럽게 대해 주신 것입니다.

자비를 베푸시는 하나님은 약속을 지키시는 하나님입니다. 하나님은 하와에게 뱀의 머리를 부술 후손을 약속해 주셨습니다. 그런데 가인은 반역하고, 아벨은 죽었으니 언뜻 상황이 암담해 보입니다. 그러나 하나님은 아담과 하와에게 셋이라는 다른 아들을 주셨습니다.

약속된 아들이 수천 년이 흐른 뒤에 셋의 가계에서 태어날 것입니다. 그리고

십자가에서 다시 피가 흐를 것입니다. 그러나 그때 흐르는 피는 약속의 아들이 죄를 대속하기 위해 흘리는 피입니다.

그리스도와의 연결

students / p. 34

가인을 볼 때 우리는 자신을 돌아보게 됩니다. '가인처럼 살인을 저지르지 않았으니 나는 상관없다'고 할 수 있을까요? 그런데 비록 살인을 저지르지는 않았더라도 우리는 무수히 죄를 지으며 수도 없이 잘못을 저지르고 실패해 왔습니다. 하나님의 말씀을 허망한 거짓 약속과 맞바꿔 버린 우리는 이제 어떻게 해야 할까요? 하나님께 돌아가고 싶지만, 죄책감과 수치심이 옥죄는 바람에 옴짝달싹 못 하게 되고 말았으니 이제 어떡합니까?

히브리서 12장 24절에서는 아벨의 피와 비교해 예수님의 피에 대해 전합니다. "새 언약의 중보자이신 예수와 및 아벨의 피보다 더 나은 것을 말하는 뿌린 피니라." 아벨의 피, 즉 죄로 인해 땅에 뿌려진 피는 정의 실현을 위해 고뇌 가운데 부르짖습니다. 그러나 예수님의 피, 즉 죄를 위해 흘려진 피는 조용한 가운데 아벨의 피보다 더 나은 것을 말해 줍니다. 그것은 정의가 실현되었다는 것입니다.

하나님의 자비가 죄를 이깁니다. 그런 이유로 우리는 하나님께 구원과 사명 감당을 위한 능력을 구합니다. 그리스도인인 우리는 가인의 모습을 통해 자신을 보지만, 또한 십자가의 빛 안에서도 자신을 봅니다. 하나님은 죄에 대한 진노를 십자가에 쏟아 부으심으로써 온전한 정의를 나타내셨습니다. 또한 십자가에 매달리신 아들을 통해 우리에게 은혜를 베푸심으로써 온전한 자비를 나타내셨습니다. 우리는 용서하시는 하나님, 변화시키시는 하나님, 회개하게 하시는 하나님(딤후 2:25)을 사람들에게 알려 줌으로써 죄의 확산을 늦출 수 있습니다.

지금 그리스도 안에 있습니까? 그렇다면 걱정하지 마세요. 하나님의 진노가 십자가 위의 예수님께 모조리 부어졌으니까요. 신실하신 하나님이 약속을 지키셨습니다. 뱀의 머리를 부술 여자의 후손(창 3장)을 보내신 거예요. 이제 우리는 그리스도를 통해 죄에 맞서 승리할 수 있습니다.

YOUR STORY

5~10분

하나님이 들려주시는 이야기는 오늘을 사는 나와 늘 연결되어 있습니다. 아래 질문에 답하면서 성경 이야기가 내 이야기와 어떻게 연결되는지 생각해 봅시다.

▸ **유혹에서 벗어나도록 하나님이 도와주시는 것을 느껴 본 적이 있습니까?**
학생들이 본론에서 벗어나지 않도록 방향을 잘 잡아 주세요. 선생님 자신의 예를 들려주어도 좋습니다.

▸ **하나님은 우리가 다른 사람들을 어떻게 대우하는지를 중요하게 생각하십니다. 그 이유는 무엇일까요?**
다양한 의견을 나눈 후, 우리가 서로를 어떻게 대하는지를 하나님이 중요하게 여기신다는 점을 이해시켜 주세요. 이런 예를 들 수 있을 것입니다. 1) 인간은 하나님의 형상대로 창조되었다. 2) 사랑과 은혜는 하나님의 형상임을 드러내는 증거다.

▸ **자신의 죄를 깨닫게 되었을 때 어떻게 했습니까?**
어떤 사람은 가인처럼 자신의 죄에 대해 안타까워하는 정도의 반응을 보일 것입니다. 많은 사람이 죄가 들통나서 얻게 된 나쁜 결과에 슬퍼하면서도 죄 자체를 회개하지는 않습니다. 회개는 죄를 깨닫고 인정할 뿐 아니라, 죄로부터 적극적으로 돌아서서 그리스도께로 나아가는 것임을 일깨워 주세요.

▸ **하나님의 용서하시는 마음을 이해하는 것이 다른 사람들을 하나님의 사랑으로 섬기는 데 어떤 도움을 줍니까?**
우리의 죄와 그리스도 안에 있는 용서를 올바로 이해하는 것은, 그리스도의 사랑과 용서가 필요한 사람들에게 복음을 전할 수 있는 동기 부여가 됩니다.

하나님의 이야기
하나님이 그분의 아들
예수 그리스도를 통해
우리를 구속해 주신 이야기

우리의 이야기
우리의 이야기가
하나님의 이야기와
만나는 곳

5~10분

YOUR MISSION

생각

가인의 이야기는 우리로 하여금 죄의 무게를 느끼게 해 줍니다. 죄의 악함과 파급력, 그리고 죄가 우리 삶에 남긴 결과를 깨닫게 합니다. 어떤 사람들은 죄를 각자가 스스로 북돋우며 극복할 수 있는 사소한 문제로 보는데, 그렇지 않다는 것을 곧 배우게 될 것입니다. 죄는 영혼에 독이 될 뿐만 아니라 우리 모두에게 순식간에 전염될 수 있는 무서운 전염병과 같습니다.

- **이 과를 통해 죄에 대한 생각이 어떻게 바뀌었습니까?**
  이 질문에 대한 대답은 다양할 것입니다.
- **죄에 대해 바르게 인식하는 것이 하나님의 은혜를 이해하는 데 어떤 영향을 미칩니까?**
  죄를 가볍게 여기는 사람은 하나님의 은혜도 사소하게 여길 것입니다. 죄와 심판에 대한 성경적인 관점을 갖는다면, 하나님의 은혜가 얼마나 놀라운지 깨닫게 될 것입니다.

마음

이번 과에서 가장 호소력 있는 진리는, 죄가 단지 행동의 문제나 환경의 문제가 아니라는 것입니다. 죄는 마음의 문제입니다. 마음속 타락한 욕망으로부터 죄가 시작되므로, 그리스도인은 자기 삶의 죄를 다룰 때 그 뿌리를 내면에서부터 살펴봐야 합니다.

- **죄의 행동에만 초점을 맞추고, 마음속에서 일어나는 악한 욕망에는 초점을 맞추지 않으면 어떻게 될까요?**
  만일 우리가 악한 행동에만 초점을 맞추고 깨진 마음을 다루지 않는다면, 바리새인과 같이 겉은 거룩해 보이지만 내면은 죽은 사람처럼 될 수 있습니다.
- **날마다 반복되는 죄의 유형을 이해하기 위해 자기 마음속을 들여다보는 일을 실천할 좋은 방법이 있으면 나눠 봅시다.**
  아마도 대부분 자기반성을 포함한 내용일 것입니다. 마음속의 어떤 작용 때문에 그렇게 생각하고 행동하게 되었는지 학생들에게 되물어 주세요.

행동

우리가 사는 세상은 여전히 죄에 물들어 있고, 그리스도인은 죄를 따르는 옛사람의 본성과 변함없이 씨름하고 있습니다. 그런데 하나님은 우리를 세상의 빛과 소금으로 부르셨습니다. 사람의 타락과 죄의 영향을 뒤집어 놓으실 주님을 선포하며, 하나님의 백성으로서 다른 사람을 나 자신처럼 사랑하며 살아야 합니다.

- **다른 사람과의 관계에 변화가 필요하다고 생각합니까?**
  이 질문에 대한 대답은 다양할 것입니다.
- **세상의 빛과 소금으로 살아가기 위해 무엇을 할 수 있습니까?**
  이 질문에 대한 대답은 다양할 것입니다.

다음 모임까지 창세기 12~16장을 읽어 보세요.

05

꼭 살고 싶다면 방주로!

요 약

이 과에서 우리는 하나님이 거역하는 사람들에게 어떻게 대응하시는지를 볼 것입니다. 하나님은 심판을 선언하시면서도 세상 죄악에 애통해하셨습니다. 공의의 심판 중에도 하나님은 노아와 그의 가족에게 은혜를 베풀어 그들을 대홍수에서 구원하셨습니다. 그리고 그들에게 인류에 대한 하나님의 선한 뜻을 성취하라는 사명을 주셨습니다. 노아처럼 우리도 하나님의 심판으로부터 구원받아 구속된 백성으로서 하나님께 순종하도록 부름받았습니다.

성 경

창세기 6장 5~22절; 9장 1~11절

HIS STORY

20~30분

포 인 트

하나님은 심판자이자 구원자이시다.

등 장 인 물

@삼위일체 하나님(성부, 성자, 성령)

@노아와 그의 가족(셋을 통해 이어진 아담의 후손, 셈과 함과 야벳과 그의 아버지이자 의인인 노아)

@땅 위의 사람들

메시지 좌표

죄가 세대를 이어 영향을 미치면서 급기야 형이 동생을 살해하는 데까지 이르렀습니다. 이제 우리는 유명한 성경 인물 중 한 명인 노아를 만날 것입니다. 교회에 다닌 적이 없는 사람도 노아 이야기는 들어 보았을 것입니다. 그래서 방주, 방주에 들어간 동물들, 대홍수 정도는 알 것입니다. 그러나 노아 이야기에는 이것만 있는 것이 아닙니다. 우리는 이 사건으로부터 무엇을 더 배울 수 있을까요? 이 역사적 사건을 통해 하나님이 우리에게 말씀하시려는 것은 무엇일까요? 이것을 통해 우리는 자신에 대해 무엇을 배울 수 있을까요? 또 노아는 예수님과 어떤 관계가 있을까요?

도 입

5~10분

지금까지 배웠던 내용을 다시 살펴보세요. 우리는 하나님이 천지를 창조하시고 나서 그분의 형상대로 사람을 창조하신 것을 보았습니다. 사람은 하나님의 가장 소중한 피조물이지요. 그러나 아담과 하와가 하나님 말씀의 선하심을 신뢰하지 않는 쪽을 선택함으로써 타락했습니다.

지난 과에서는 죄가 어떻게 확산되는지를 보았습니다. 죄는 후대로 확산될 뿐만 아니라 악해져 갔습니다. 죄가 세상에 만연하자, 죄에 대한 반응이 달라지기 시작합니다. 수치심에서 냉담함으로 변하더니 그다음엔 자랑거리가 되었습니다.

죄를 지은 아담은 이렇게 말했습니다. "내가 동산에서 하나님의 소리를 듣고 내가 벗었으므로 두려워하여 숨었나이다"(창 3:10). 아담의 첫 반응은 수치심을 느끼고 숨는 것이었습니다. 그런데 가인은 어땠습니까? 하나님이 그에게 아벨이 어디 있느냐고 물으시자 이렇게 대답합니다. "내가 알지 못하나이다 내가 내 아우를 지키는 자니이까"(창 4:9). 가인의 반응은 냉담한 무관심이었습니다.

그리고 우리는 창세기 4장에 이르러 가인의 5세대 후손인 라멕을 보게 됩니다. 라멕은 살인을 저지른 후 자신의 사악함을 뽐내듯 떠벌리며 노래했습니다. "아다와 씰라여 내 목소리를 들으라 라멕의 아내들이여 내 말을 들으라 나의 상처로 말미암아 내가 사람을 죽였고 나의 상함으로 말미암아 소년을 죽였도다 가인을 위하여는 벌이 칠 배일진대 라멕을 위하여는 벌이 칠십칠 배이리로다"(창 4:23~24). 라멕의 반응은 자랑과 우쭐댐이었습니다.

▶ 잘못에 대해 수치심, 무관심, 자부심을 드러내는 모습을 본 경험이 있다면 나눠 보세요.

도입 선택

부모로부터 물려받거나 교육받아서 갖게 된 신체적·성격적 특징에 대해 나누게 하세요. 모든 사람이 아담으로부터 죄 문제를 물려받았음을 상기시키십시오.
그러나 우리에게는 희망이 있습니다. 한 사람을 통해 죄가 세상에 들어왔듯이, 구원 또한 예수 그리스도 한 분을 통해 들어왔습니다.

- *그리스도께서 하신 일로 죄를 이길 수 있다고 믿습니까?*
- *그리스도께서 죄에 대해 승리하셨음을 알고 살아가는 사람의 태도는 어떻게 달라질까요?*

연 대 표

노아
NOAH
홍수 사건 가운데 심판과 은혜가 모두 드러나다.

바벨탑
TOWER OF BABEL
사람이 끈질기게 자신을 높이며 교만하게 행하나, 하나님의 영광을 결코 끌어내리지 못하다.

아브라함을 부르심
THE CALLING OF ABRAHAM
하나님이 아브라함과 언약을 맺으시다.

심판자 하나님, 절제하시다

students / p.38

죄가 세상에 널리 퍼진 상황을 하나님이 어떻게 처리하실까요? 악한 생각으로 물든 사람들이 하나님께 외쳐 댔습니다. "나는 하나님을 신뢰하지 않아요!", "나는 당신이 싫어요!" 이것이 죄의 핵심입니다. 하나님께 대한 믿음을 저버리고 거부하는 것 말입니다.

[5]여호와께서 사람의 죄악이 세상에 가득함과 그의 마음으로 생각하는 모든 계획이 항상

본문으로 더 깊이

성경에서 처음으로 하나님이 당신이 만드신 것에 대해 후회하셨습니다. 그러나 하나님의 후회는 하나님의 잘못 때문이 아니라 인간의 잘못 때문입니다. 사람들이 악에 완전히 사로잡혔다는 사실이 하나님의 마음을 슬프게 했습니다. 그것은 나중에 이스라엘의 죄가 하나님을 슬프게 하는 것과 흡사합니다(시 78:40~41; 사 63:10).

_로버트 D. 버건

Robert D. Bergen, *HCSB Study Bible* (Nashville: B&H, 2010).

악할 뿐임을 보시고 6땅 위에 사람 지으셨음을 한탄하사 마음에 근심하시고 7이르시되 내가 창조한 사람을 내가 지면에서 쓸어버리되 사람으로부터 가축과 기는 것과 공중의 새까지 그리하리니 이는 내가 그것들을 지었음을 한탄함이니라 하시니라(창 6:5~7).

students / p. 38

하나님은 한탄하고 근심하셨습니다. 창세기 6장 6절은 의미심장합니다. 주님 마음에 큰 괴로움이 있었습니다. '한탄'으로 번역된 히브리어에는 '고역', '쇠약', '극도의 괴로움', '마음에 상처받음' 등의 뜻이 있습니다.

어떻게 이런 단어들이 하나님께 사용될 수 있습니까? 능력이 무한하신 분이, 아무것도 부족한 것이 없으신 분이 고역을 치르고 쇠약해지며 극도로 괴로워하실 수 있습니까? 어떻게 하나님이 마음에 상처를 받으신단 말입니까?

students / p. 38

성경에서 이와 같이 하나님이 슬퍼하신 경우를 찾아봅시다. 오늘날에는 어떤 경우를 찾아볼 수 있습니까? 하나님은 어떤 방식으로 그분의 백성에게 인내를 베푸십니까?

하나님의 한탄은 사랑 때문입니다. 하나님이 창조하신 사람들을 향한 사랑 말입니다. 사랑 때문에 하나님은 아담과 하와가 금지된 열매를 먹고 난 후에도 그들과 세상을 즉시 멸하지 않으셨습니다(창 3:7~8). 하나님은 심판하셨지만, 오래도록 인내하셨고, 하나님의 백성과 관계를 회복하기를 갈망하셨습니다.

students / p. 38

하나님은 세상을 모조리 없애 버릴 수 있으셨지만, 그 대신 사악한 무리만을 제거하기로 하셨습니다. 그리고 한 가족을 남겨 놓기로 하셨습니다. 인류 전체를 포기하지 않기로 선택하신 것입니다. 노아와 그의 후손이 다시 하나님을 실망시키고 반항하며 신실하지 않게 살 것을 알면서도 인류를 보존하기로 하셨습니다. 왜 그러셨을까요? 아무리 불순종하는 아들이라도 사랑할 수밖에 없는 아버지처럼, 그렇게 하나님은 우리에게 온 마음을 쏟으셨습니다.

이것이 의미하는 바는, 한마디로 하나님이 우리를 사랑하셨다는 것입니다. 하나님께는 우리를 사랑해야 할 의무가 없고, 사랑해야만 하는 필요도 없습니다. 그러나 하나님은 그저 큰 사랑으로 우리에게 은혜를 베푸셨습니다. 우리의 아버지로서 하나님은 그분의 기쁨을 우리의 기쁨과 한데 묶으셨고, 우리의 아픔을 그분의 아픔에 묶으셨습니다.

노아의 홍수 이야기는 분명 심판 이야기입니다. 모든 악에 대해 거룩하고 공의로운 심판을 선포하십니다. 그러나 또한 슬픈 이야기이기도 합니다. 끝까지 우리를 포기하지 않으시는 아버지의 사랑의 눈물 이야기이기 때문입니다.

구원자 하나님, 넘치게 베푸시다

students / p. 39

하나님은 죄악이 세상에 가득한 것을 보며 한탄하셨고, 거룩한 심판으로 지면 위의 모든 것을 쓸어버리고 다시 시작하기로 결정하셨습니다. 그러나 여기서 이야기는 큰 전환점을 맞게 됩니다. 하나님은 의인의 가족을 보존하기로 선택하시며 인류를 향한 헌신을 보여 주셨습니다.

> 8그러나 노아는 여호와께 은혜를 입었더라 9이것이 노아의 족보니라 노아는 의인이요 당
> 대에 완전한 자라 그는 하나님과 동행하였으며 10세 아들을 낳았으니 셈과 함과 야벳이
> 라 11그때에 온 땅이 하나님 앞에 부패하여 포악함이 땅에 가득한지라 12하나님이 보신
> 즉 땅이 부패하였으니 이는 땅에서 모든 혈육 있는 자의 행위가 부패함이었더라 13하나님
> 이 노아에게 이르시되 모든 혈육 있는 자의 포악함이 땅에 가득하므로 그 끝 날이 내 앞
> 에 이르렀으니 내가 그들을 땅과 함께 멸하리라 14너는 고페르 나무로 너를 위하여 방주
> 를 만들되 그 안에 칸들을 막고 역청을 그 안팎에 칠하라 15네가 만들 방주는 이러하니 그
> 길이는 삼백 규빗, 너비는 오십 규빗, 높이는 삼십 규빗이라 16거기에 창을 내되 위에서부
> 터 한 규빗에 내고 그 문은 옆으로 내고 상 중 하 삼층으로 할지니라 17내가 홍수를 땅에
> 일으켜 무릇 생명의 기운이 있는 모든 육체를 천하에서 멸절하리니 땅에 있는 것들이 다
> 죽으리라 18그러나 너와는 내가 내 언약을 세우리니 너는 네 아들들과 네 아내와 네 며느
> 리들과 함께 그 방주로 들어가고 19혈육 있는 모든 생물을 너는 각기 암수 한 쌍씩 방주로
> 이끌어 들여 너와 함께 생명을 보존하게 하되 20새가 그 종류대로, 가축이 그 종류대로,
> 땅에 기는 모든 것이 그 종류대로 각기 둘씩 네게로 나아오리니 그 생명을 보존하게 하라
> 21너는 먹을 모든 양식을 네게로 가져다가 저축하라 이것이 너와 그들의 먹을 것이 되리라
> 22노아가 그와 같이 하여 하나님이 자기에게 명하신 대로 다 준행하였더라(창 6:8~22).

연대표

아브라함과 이삭
ABRAHAM AND ISAAC
아들을 제물로 바치라는 명령으로 아브라함이 믿음을 시험받다.

아브라함의 상속자가 약속을 받다
ABRAHAM'S HEIRS RECEIVE THE PROMISE
하나님이 주신 언약이 아브라함의 후손에게 계승되다.

야곱과 에서
JACOB AND ESAU
가족 간의 불화 문제가 장자의 축복에 대한 부모와 아들 사이의 갈등으로 불거지다.

본문으로 더 깊이

노아의 홍수 이야기에서, 우리는 심판 중에 구원이 임한다는 복음을 봅니다. 이것이 의미하는 바는 무엇입니까? 온 세상이 하나님을 거절하며, 그들의 조상들처럼 하나님을 신뢰하지 않는다고 말할 때, 노아는 방주를 지었습니다. 그는 자신의 삶으로 하나님에 대한 믿음을 보여 주었습니다. 노아는 하나님이 말씀하신 대로 행하는 신실하신 분이라는 걸 믿었습니다. 그리고 마침내 심판이 임했습니다.

'심판을 통한 구원'이라는 의미는 이렇습니다. 물이 하나님의 말씀을 믿지 않은 모든 사람을 삼켰습니다. 그 물이 노아의 방주를 띄워 주었습니다. 물이 불어나자 모두가 물에 잠겼지만, 동시에 노아와 그의 가족은 떠올려져 구원을 받았습니다. 심판의 물이 노아를 구원한 것입니다. 이것이 심판을 통한 구원입니다.

나중에 베드로가 이것을 성경에서 확증했습니다. "그들은 전에 노아의 날 방주를 준비할 동안 하나님이 오래 참고 기다리실 때 복종하지 아니하던 자들이라 방주에서 물로 말미암아 구원을 얻은 자가 몇 명뿐이니 겨우 여덟 명이라"(벧전 3:20).

students / pp. 39~40

8절을 먼저 읽고 나서 18절을 읽어 봅시다. 하나님께 은혜를 입은 사람은 노아 1명이었습니다. 그런데 노아뿐 아니라 그에게 속한 가족 모두에게 언약이 적용되었다는 사실이 눈길을 끕니다. 일이 어떻게 진행되었는지 살펴볼까요? 여호와께 은혜를 입은 노아는 당대에 완전한 자이며 의인이라고 선포되었습니다. 그러자 그의 가족이 그의 의에 힘입어 하나님께 은혜를 덧입게 되었습니다. 창세기 7장에서도 이와 같은 진리가 똑같이 반복됩니다. "여호와께서 노아에게 이르시되 너와 네 온 집은 방주로 들어가라 이 세대에서 네가 내 앞에 의로움을 내가 보았음이니라"(창 7:1). 은혜를 입은 노아만이 유일한 의인이었는데, 노아뿐 아니라 그의 가족까지 모두 구원을 받았습니다.

우리가 놓치면 안 되는 두 가지 진리가 있습니다. 첫째, 의보다 앞서는 것이 은혜라는 것입니다. 노아가 의인이라고 선포되기 전에 먼저 하나님께 은혜를 입었음이 성경에 기록된 것은 우연이 아닙니다. 은혜가 먼저 임했다는 말은, 노아가 순종했기 때문에 구원받은 것이 아니라는 뜻입니다. 즉, 노아가 순종할 수 있었던 것은 은혜를 입었기 때문입니다. 둘째, 하나님이 노아와 맺으신 언약의 혜택을 그의 가족이 모두 받았다는 것입니다. 노아의 의는 나머지 가족이 살 수 있는 기초가 되었습니다.

알짬 교리 **99**

하나님의 영광

'하나님의 영광'이란 하나님이 하신 일이 볼 수 있게 드러나는 것을 말합니다. 하나님은 행함을 통해 그분의 완벽한 속성을 드러내십니다. 또한 이는 하나님의 뛰어난 명성을 가리키는 말이기도 합니다. 이것은 우리가 하나님의 이름을 찬양해야 하는 이유 중 하나입니다.

그리스도와의 연결

students / p.40

노아 이야기는 하나님이 베푸실 구원의 모습을 보여 줍니다. 예수님은 하나님이 기뻐하시고 사랑하시는 아들, 참으로 은혜를 입으신 분입니다. 모든 사람이 죄를 범하여 하나님의 영광에 이르지 못하지만, 예수님의 의로 말미암아 하나님이 전 인류에게 구원을 주십니다.

노아의 가족은 각자의 의가 아닌 노아 한 사람의 의로 인해 구원받을 수 있었음을 기억합시다. 그들이 구원받은 것은 노아에게 속한 사람들이었기 때문인데, 이는 우리도 마찬가지입니다. 우리는 자신의 의로써 죄로부터 구원받는 것이 아닙니다. 오직 예수님께 속하여 예수님이 하신 일에 힘입을 때 구원받을 수 있습니다.

하나님은 예수님께 모든 족속과 방언과 나라의 사람들을 주셨습니다. 노아는 자신의 가족 7명의 구원하고만 관련이 있었지만, 예수님은 주님께 속한 모든 백성을 구원하십니다.

노아는 세상 누구도 그의 말을 들어주지 않았지만 평생 믿음으로 묵묵히 방주를 지었습니다(히 11장; 벧후 2장). 그리스도인도 장차 임할 심판과 구원을 위해 하나님이 예비하신 예수 그리스도의 복음을 세상 사람들에게 전하며 평생 신실하게 살아가야 합니다. 노아의 이야기가 인류를 향한 하나님의 언약을 재확인하고 하나님께 순종할 것을 다짐하며 끝나듯이, 우리의 구원도 그렇습니다. 구원을 받음으로써 끝나는 것이 아니라 순종이 뒤따라야 한다는 것입니다. 하나님은 우리에게 생육하고 번성하여 땅에 충만하라고 하는 축복뿐 아니라, 하나님의 자비로운 사랑을 세상에 널리 전하라는 사명도 주셨습니다.

본문으로 더 깊이

- 이야기를 더 나누기 위해 하나님이 노아의 가족에게 사명을 주시는 창세기 9장 1~11절을 읽게 하십시오. 이 명령을 하나님이 아담과 하와에게 주셨던 원래 명령(창 1:26~28)과 비교해 보라고 하세요. 유사점과 차이점을 지적해 주십시오.
- 어떤 것을 하도록 사명을 위임받는다는 것은 무엇을 의미합니까? 오늘날 특정한 임무를 수행하도록 위임받는 방법에는 무엇이 있나요?
- 마태복음의 대위임령을 읽고, 모든 신자가 따라야 할 활동들을 열거하도록 하십시오(예: 제자 삼기, 세례 주기, 가르치기 등).

YOUR STORY

5~10분

하나님이 들려주시는 이야기는 오늘을 사는 나와 늘 연결되어 있습니다. 아래 질문에 답하면서 성경 이야기가 내 이야기와 어떻게 연결되는지 생각해 봅시다.

- **성경에는 하나님이 심판하시기 전에 먼저 슬퍼하셨다고 기록되어 있습니다. 이 사실을 통해 하나님의 어떠한 성품을 깨닫게 됩니까?**
  하나님은 우리가 잘못할 때마다 벌주기 위해 기다리시는 냉정한 심판자가 아닙니다. 아버지로서 사랑하는 자녀들을 훈육하고 징계하신다는 것을 알 수 있습니다.

- **우리의 순종보다 하나님의 은혜가 먼저 있었다는 사실을 깨닫는 것이 왜 중요합니까?**
  만일 순종했기 때문에 은혜를 입는다고 생각하거나 은혜를 순종에 대한 보상쯤으로 생각한다면, 행위에 의해 구원받는다는 관점을 가진 것입니다. 반면에 은혜를 입었으므로 순종이 따른다고 생각한다면, 우리는 자신을 스스로 구원할 수 없을 뿐만 아니라 아무 공로도 없는데 하나님이 은혜와 자비를 값없이 주심으로 말미암아 우리 안에 순종하는 마음 또한 주심을 인정하는 것입니다. 이것이 성경적인 관점입니다.

- **노아가 신실한 태도로 하나님의 명령에 순종한 것을 통해 무엇을 배울 수 있습니까?**
  이 질문에 대한 대답은 다양할 것입니다.

- **우리는 그리스도인으로서 노아를 본보기 삼아 어떤 삶을 살아야 합니까?**
  이 질문에 대한 대답은 다양할 것입니다.

하나님의 이야기
하나님이 그분의 아들
예수 그리스도를 통해
우리를 구속해 주신 이야기

우리의 이야기
우리의 이야기가
하나님의 이야기와
만나는 곳

5~10분

YOUR MISSION

생 각

이번 과에서 우리는 하나님의 은혜와 사랑이 하나님의 공의의 심판과 공존하는 것이 얼마나 그리고 왜 중요한지를 배웠습니다. 우리에게는 두 가지가 모두 필요합니다. 은혜와 심판이 함께 있을 때 하나님의 성품을 더욱 깊이 알 수 있습니다.

- **죄에 관해 이야기할 때 하나님의 은혜와 심판을 모두 강조하는 것이 왜 중요합니까?**
  이 질문에 대한 대답은 다양할 것입니다.
- **은혜와 심판, 둘 중 하나가 없으면 어떤 문제가 생깁니까?**
  용서할 줄 모르는 심판자가 되거나, 죄를 덮어 두는 도덕성이 약한 신이 될 것입니다. 한 가지만으로는 하나님을 제대로 나타내지 못합니다.

마 음

죄로 말미암아 인류가 거의 멸망할 뻔했다는 것은 무척 슬픈 사실입니다. 우리는 이뿐 아니라 하나님이 심판하실 때 사람 마음에 가득한 죄악 때문에 한탄하셨다는 사실에도 슬픔을 느껴야 합니다. 이는 비단 과거의 일이 아닙니다. 하나님은 지금도 여전히 우리 안에 있는 반항심을 보며 슬퍼하십니다.

- **친구나 자신의 죄로 말미암아 마음 아팠던 경험이 있다면 그것에 관해 이야기해 봅시다.**
  이 질문에 대한 대답은 다양할 것입니다.
- **하나님이 죄 때문에 슬퍼하신다는 사실이 죄와 유혹을 다루는 데 어떤 영향을 미칩니까?**
  이 질문에 대한 대답은 다양할 것입니다.

행 동

우리는 노아가 하나님께 순종한 발자취를 따라가야 합니다. 하나님이 노아와 그의 가족에게 언약을 통해 사명을 주셨듯이, 예수님을 믿는 우리에게도 하나님의 의를 전할 임무를 주셨습니다. 대홍수는 죄가 확산되는 것을 늦추기는 했지만, 막지는 못했습니다. 오직 십자가만이 온전히 치유할 수 있습니다. 바로 이것이 우리가 세상에 전할 메시지입니다.

- **복음의 사명자로 살아가기 위해 노아로부터 본받아야 할 점은 무엇입니까?**
  이 질문에 대한 대답은 다양할 것입니다.
- **노아의 이야기는 신실하게 복음을 전하는 데 어떤 면에서 도전이 됩니까?**
  이 질문에 대한 대답은 다양할 것입니다.

다음 모임까지
창세기 17~23장을
읽어 보세요.

자료
2

창세기에 나타난 약속

- **아담**(930세) ———————— **생육하고 번성하여 땅에 충만하라, 땅을 정복하라, 바다의 물고기와 하늘의 새와 땅에 움직이는 모든 생물을 다스리라(창 1:28).** 하와와 함께 하나님의 형상대로 창조되었다. 그는 에덴동산에서 불순종의 죄를 저질렀고, 이로 인해 인류는 죄로 타락하고 창조 위에 저주가 내리게 되었다. 아담의 죄는 죽음을 가져왔지만, 하나님은 생명을 가져올 그 한 사람을 보내겠다고 약속하셨다(창 1~3장).

셋(912세) **에노스**(905세) **게난**(910세) **마할랄렐**(895세) **야렛**(962세) **에녹**(365세) **므두셀라**(969세) **라멕**(777세)

- **노아**(950세) ———————— **생육하고 번성하여 땅에 충만하라 땅의 모든 짐승과 공중의 모든 새와 땅에 기는 모든 것과 바다의 모든 물고기가 너희를 두려워하며 너희를 무서워하리니(창 9:1~2).** 하나님과 동행했던 의롭고 흠 없는 사람이다. 하나님께 순종하여 방주를 만들어 가족과 산 짐승들을 홍수로부터 구했다(창 6~9장).

셈(600세) **아르박삿**(438세) **셀라**(433세) **에벨**(464세) **벨렉**(239세) **르우**(239세) **스룩**(230세) **나홀**(148세) **데라**(205세)

- **아브람/아브라함**(175세) ———— **너는 너의 고향과 친척과 아버지의 집을 떠나 내가 네게 보여 줄 땅으로 가라 내가 너로 큰 민족을 이루고 네게 복을 주어 네 이름을 창대하게 하리니 너는 복이 될지라(창 12:1~3).** 예수 그리스도 안에서 하나님의 약속을 믿는 모든 자의 조상이다(롬 4:11). 그는 자신의 가족을 이끌고 고향을 떠나 하나님이 보여 주시는 땅으로 가라는 명령에 순종했다. 아내 사래가 임신할 수 없었음에도 많은 자손을 주신다는 하나님의 약속을 믿었다. 아들 이삭을 희생하라는 하나님의 명령에 순종하려 했고 하나님이 주시는 대속 제물을 공급받았다(창 12~25장).

- **이삭**(180세) ———————— **내가 네게 지시하는 땅에 거주하라 이 땅에 거류하면 내가 너와 함께 있어 네게 복을 주고 내가 이 모든 땅을 너와 네 자손에게 주리라 … 네 자손으로 말미암아 천하 만민이 복을 받으리라(창 26:2~5).** 하나님이 아브라함과 하신 언약을 이어 갈 약속의 아들이다. 아브라함과 사라의 노년에 기적적으로 태어났다. 아브라함의 '외아들'로, 하나님이 희생하라고 시키셨지만 대속 제물로 인해 목숨을 건졌다(창 21~35장).

- **야곱/이스라엘**(147세) ———— **네가 누워 있는 땅을 내가 너와 네 자손에게 주리니… 땅의 모든 족속이 너와 네 자손으로 말미암아 복을 받으리라(창 28:13~14).** 이스라엘 12지파의 조상이다. 이삭이 불임이었던 리브가를 위해 기도해서 응답을 받아 에서와 함께 태어난 아들이다. 에서에게 속했던 장자의 축복을 받기 위해 아버지를 속였다. 하늘과 땅을 잇는 사다리(계단) 꿈을 꿨으며 훗날 하나님과 씨름을 해 새 이름을 받았다. 애굽에서 죽었지만 소원대로 약속의 땅에 묻혔다(창 25~50장).

야곱의 가문

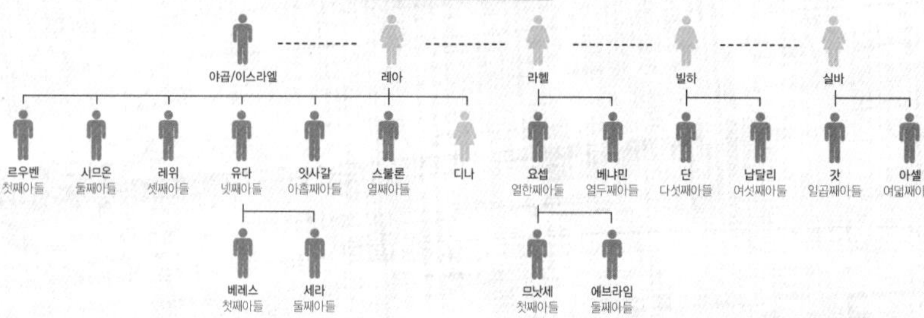

유다 — **규가 유다를 떠나지 아니하며 통치자의 지팡이가 그 발 사이에서 떠나지 아니하기를 실로가 오시기까지 이르리니 그에게 모든 백성이 복종하리로다(창 49:8~10).** 야곱의 사랑을 받지 못했던 레아에게서 난 넷째 아들이다. 돈을 받고 요셉을 노예로 팔자고 형제들을 주동했다. 집안 전통을 어기고 가나안 여인과 결혼했으며 과부가 된 며느리 다말을 버렸다. 다말이 창녀로 변장해 그를 유혹하여 임신하면서, 약속된 하와의 자손을 이어 가게 되었다. 훗날 유다는 동생 베냐민을 대신해 노예로 붙들려 있기를 자처했다(창 29~50장).

요셉(110세) — **여호와께서 요셉과 함께하셨으며 그의 가족과 민족의 생명을 구하기 위해 그를 애굽으로 보내셨다(창 39, 45, 50장).** 야곱의 사랑을 받던 라헬의 장자이다. 가족을 다스리는 꿈을 꾸었는데 결국 애굽에서 실현되었다. 하지만 이것은 그가 형제들에 의해 노예로 팔리고 여주인에 의해 부당하게 옥에 갇힌 후에 일어났다. 하나님이 악행 가운데 그분의 선한 계획을 실행시키셨다. 7년의 풍작과 뒤따른 7년의 흉년 동안 애굽의 모든 곳을 감독했다. 나중에는 가족을 포함한 모든 민족의 생명을 구했다. 애굽 땅의 남은 자로 그의 가족을 정착시켰으며 그들이 생존하고 번영하도록 공급했다(창 30~50장).

예수 생명과 축복을 가져올 마지막 **아담**이시다(롬 5장). 여자의 후손이 뱀의 후손을 상하게 할 것이라는 **원복음**을, 인간의 죄를 대신해 십자가에 못 박혀 죽으시고 부활하심으로 성취하셨다(요일 3:8). 완벽한 의로 **하나님과 동행한** 분이며 처녀에게서 기적적으로 잉태되셨고, 임마누엘, 즉 우리와 함께하셨다("하나님이 우리와 함께 계시다"마 1:23). **아브라함**에게 약속된 바로 그 자손으로, 그를 믿는 믿음으로 말미암아 모든 민족에게 복이 되기 위해 오셨다(갈 3장). **멜기세덱** 계열의 제사장/왕으로 아브라함의 언약을 성취하시고 죄를 위해 흘린 그의 피로 새 언약을 맺으셨다(히 7~10장). 하나님의 **독생자**로서 자신의 아버지에 의해 희생되어 자신을 믿는 모든 사람이 멸망하지 않고 영생을 얻게 하셨다(요 3:16). 진정한 **이스라엘**로 하늘과 땅을 연결하시는 분이다(요 1:51). **유다** 지파의 사자요, 사람들의 순종을 받기에 합당한 왕이시다(계 5:5). 십자가에 못 박히시고 악인에 의해 죽임당하신 분으로, **요셉**처럼 하나님의 확고한 계획과 믿는 모든 이를 구원하시려는 선견에 의해 넘겨지셨다. 하지만 부활을 통해 죄 없음을 입증하셨고, 하나님의 우편에 오르셔서 주님이자 메시아로 높임을 받으셨다(행 2:22~36).

06

바벨탑이 뭐가 문제야?

요 약

이 과를 통해 우리는 자신의 위신을 세우고 스스로 명예를 추구하는 방법들을 고안해 내는 성향이 사람에게 있음을 보게 될 것입니다. 사람들은 자기 왕국을 세우고 자기 이름을 높이려 애씁니다. 하나님은 자기 세력을 확장시키려는 온갖 시도를 심판하고, 우상숭배의 욕망을 심판함으로써 죄의 확산을 늦추는 자비를 베풀어 주십니다. 하나님은 우리를 구원하신 후, 세상에 흩어져 하나님의 아들의 이름을 찬양할 사명을 주십니다.

성 경

창세기 11장 1~9절

HIS STORY

20~30분

포 인 트

하나님께 도전하는 인간의 교만을 심판하신다.

등 장 인 물

@삼위일체 하나님(성부, 성자, 성령)
@바벨탑 사람들(노아 이후 세대)

메시지 좌표

창세기에서 특히 바벨탑 이야기는 무척 흥미롭습니다. 인류가 대홍수 심판과 하나님의 자비를 경험하고 난 뒤, 얼마간 시간이 흘렀습니다. 그래도 죄 문제는 여전했습니다. 홍수가 있기 전과 다름없이 사람의 내면은 어그러진 상태였습니다. 물 심판 후에도 죄성이 그대로 남아 있었기 때문입니다. 하나님은 다 알고 계셨습니다. 대홍수는 그저 죄가 세상을 파고들어 가는 시간을 늦추기 위해 쓰인 수단일 뿐이었습니다.

성경을 읽을 때 우리는 이런 질문을 던져야 합니다. '이때를 돌아보면서 하나님과 우리 자신에 대해 그리고 어떻게 살아야 할지에 대해 무엇을 배울 수 있는가?' 하나님은 우리가 성경 속 옛이야기를 깊이 묵상함으로써 새로운 것을 배우길 원하십니다. 아마도 이전에는 생각도 못해 보았을 것들을 말입니다.

도 입

5~10분

과거로 돌아가고 싶었던 적이 있습니까? 순간의 선택으로 모든 것이 바뀌는 경험을 해 본 적이 있습니까? 할 수만 있다면 시간을 거슬러 올라가 '다시 시작' 버튼을 누르고 싶었던 적이 있습니까? 이와 같이 먼저 자신의 기억을 돌이켜 봅시다. 그리고 학생들이 모이면 다음과 같은 질문을 나눠 봅시다.

- 바꾸고 싶은 과거가 있습니까?
- 그때와는 다른 선택을 하고 싶은 일이 있습니까?

창세기에서는 인간에게 다시 시작하도록 해 주시는 하나님을 발견할 수 있습니다. 아담과 하와의 불순종을 통해 죄가 세상에 들어오고 그것이 후대로 이어지면서 인간 마음속에 죄로 기울어지는 기본 성향이 장착되고, 하나님께 불순종하고 하나님을 신뢰하지 않으려는 욕망이 들어섰습니다. 지난 과에서 우리는 하나님이 인간의 타락에 슬퍼하시는 것과 대홍수로 심판하시면서도 은혜를 베푸시는 것을 보았습니다.

만일 내가 노아의 가족이었다면, 대홍수가 물러간 뒤 어떻게 했을까요? 아마도 죄에 대한 하나님의 준엄한 심판을 목격하고 그 와중에도 의인과 그의 가족을 보존하시는 하나님의 자비를 경험했으니, '부흥'에 대한 열망으로 불타오르거나 순종의 결단을 새롭게 하지 않았을까요?

그런데 정작 노아는 어떻게 했는지 아십니까? 안타깝게도 그는 술에 잔뜩 취해 아들로부터 조롱을 받기까지 했습니다. 이후 몇 세대를 지나면서 죄가 계속해서 세력을 확장하더니 결국 온 세상 사람이 힘을 합쳐 자신들의 영광을 과시할 탑을 하늘 끝까지 쌓으려고 합니다.

도입 선택

레고 블록 두 세트를 가져다가 앞에 있는 탁자 위에 올려 두십시오. 블록을 맞출 학생 두 명을 선택해서 한 명에게는 한글 설명서를, 다른 한 명에게는 낯선 외국어 설명서를 주십시오. 시간에 맞춰 그만두게 하고, 외국어 설명서를 받은 학생에게 질문하십시오.

- *블록을 완성하는 데 무엇이 방해가 되었나요?*

우리가 하는 모든 일의 동기를 하나님이 아신다는 점을 지적하십시오. 이 과에서 우리는 하나님의 사람들이 하나님보다 자신들이 더 찬양받고자 했을 때, 하나님이 그 계획을 어떻게 막으셨는지를 보게 될 것입니다.

연 대 표

바벨탑
TOWER OF BABEL
사람이 끈질기게 자신을 높이며 교만하게 행하나, 하나님의 영광을 결코 끌어내리지 못하다.

아브라함을 부르심
THE CALLING OF ABRAHAM
하나님이 아브라함과 언약을 맺으시다.

내게서 떨어져라, 교만!

students / p.44

시날에 정착한 노아의 후손은 자신들을 위해 도시를 하나 짓기로 했습니다. 그리고 하늘을 찌를 정도로 높은 탑을 세우기로 계획했습니다.

1온 땅의 언어가 하나요 말이 하나였더라 2이에 그들이 동방으로 옮기다가 시날 평지를
만나 거기 거류하며 3서로 말하되 자, 벽돌을 만들어 견고히 굽자 하고 이에 벽돌로 돌을

대신하며 역청으로 진흙을 대신하고 [4]또 말하되 자, 성읍과 탑을 건설하여 그 탑 꼭대기를 하늘에 닿게 하여 우리 이름을 내고 온 지면에 흩어짐을 면하자 하였더니 [5]여호와께서 사람들이 건설하는 그 성읍과 탑을 보려고 내려오셨더라(창 11:1~5).

• students / p. 44

대충 보면 고개를 갸우뚱할 수 있습니다. '뭐가 어때서? 도시와 고층 건물을 세우겠다는 것이 뭐가 문제야?' 하지만 성경 이야기를 좀 더 들여다보면 생각이 달라질 것입니다.

"그들이 동방으로 옮기다가"는 지리적인 측면만이 아니라, 도덕적인 측면의 의미도 담고 있습니다. "동방으로"라는 건 해 뜨는 쪽에 등을 돌리고 가는 것을 가리킵니다. 즉, 하나님 앞을 떠나 "에덴의 동쪽"으로 간다는 뜻입니다. (Arthur W. Pink, *Gleanings in Genesis* (Bellingham, WA: Logos Bible Software, 2005), 134.) "동쪽에서"로 번역되기도 하는데 요점은 같습니다. 사람들이 에덴동산으로부터 점점 멀어져 갔다는 의미입니다.

"서로 말하되" 그들은 하나님과는 상의하지 않았습니다. 그렇게 엄청난 일을 시작하면서도, 그들은 노아가 하나님을 의식했던 것처럼 하지 않았고, 하나님이 노아의 후손에게 주신 임무에 관해서도 관심이 없었습니다. 그들 생각 속에는 하나님이 아예 없었습니다.

"성읍과 탑을 건설하여 그 탑 꼭대기를 하늘에 닿게" 만들고자 했습니다. 실로 대단한 건축 사업 같은데 왜 성경은 이것을 불경죄라고 할까요? 왜냐하면, 하늘은 하나님이 거하시는 곳, 즉 천국을 의미하기 때문입니다. 창세기 3장을 떠올릴 수밖에 없습니다. 아담과 하와가 하나님처럼 되고 싶어 했던 것처럼, 그들 또한 하나님처럼 되고 싶었던 것입니다.

"우리 이름을 내자"고 그들은 서로 격려했습니다. 어떻게든 자신들의 힘으로 도시를 건축하려고 했습니다. 세상에 이름을 떨치고 싶었기 때문입니다. 그들의 말에서 오만함이 묻어납니다. 제힘으로 충분히 할 수 있다는 것입니다. 이것은 앞으로 보게 될 창세기 12장에서 하나님이 아브람에게 큰 이름을 주겠다고 약속하신 것과 대조됩니다.

"온 지면에 흩어짐을 면하자"고 그들은 그들만의 도시를 만들고 높은 탑을 쌓음으로써 다짐했습니다. 잠깐! 하나님이 사람들에게 "생육하고 번성하여 땅에 충만하라"(창 9:1)고 하지 않으셨던가요? 그렇습니다. 그들은 하나님이 노

본문으로 더 깊이

아담과 하와가 에덴동산에서 죄를 범한 이야기(창 3장)와 바벨탑 이야기는 줄거리, 어휘, 주제 면에서 유사점이 많습니다. 둘 다 악한 교만으로 자신을 신처럼 만들려고 하는 것을 보여 줍니다. 또 하나님이 죄인을 심판하여 그들이 있던 곳에서 추방하시는 것을 보여 줍니다.

교만과 야심을 세 가지로 표현했습니다. ① 영어 번역본을 기준으로 1인칭 대명사가 다섯 번 쓰였습니다. '우리를'이 두 번, '우리 자신'이 두 번, '우리'가 한 번입니다. ② "탑 꼭대기를 하늘에 닿게 하여"로 하나님의 영역인 '천국'에까지 침범하려는 욕망을 보였습니다. ③ 그들은 자신들의 "이름을 내고" 스스로 영광을 취하려고 했습니다. "온 지면에 흩어짐을 면하자"라는 것이 그들의 뜻이었습니다. 따라서 그들의 모든 노력은 하나님에 대한 반항이자, "땅에 충만하라"(창 9:1)는 하나님의 명령에 대한 거역이었습니다.

그들이 자신을 스스로 높여 하나님의 영역에 도달하려고 안간힘을 썼음에도 불구하고, 하늘 높이 계신 하나님이 "그 성읍과 탑을" 보기 위해서는 여전히 땅으로 내려오셔야만 했습니다. 오직 하나님께만 속한 영광을 쟁취하려는 사람의 시도들은 항상 초라한 결과를 낳을 뿐입니다.

_로버트 D. 버건
Robert D. Bergen, *HCSB Study Bible* (Nashville: B&H, 2010).

아와 그 후손에게 하신 명령을 노골적으로 거절한 것입니다. 그들은 하나님께 영광을 돌리는 대신 자신들의 영광을 추구했고, 함께 모여 자기들의 왕국을 건축함으로써 하나님의 명령을 거절했습니다.

이것은 선량한 행동이 아니었습니다. 다시 한 번 사람이 하나님의 선하심을 던져 버리고 자기들이 좋은 대로 자신을 위해 선택한 시도였음을 봅니다.

students / p.44

오늘날 자기 이름을 세상에 더 널리 알리기 위해 애쓰고 있는 사람들의 이름을 적어 보세요(가수, 모델, 정치인 등).

성공하고 칭찬받으려 하는 것이 잘못일까요?

심판, 자비가 있는 징계

하나님이 "사람들이 건설하는 그 성읍과 탑을 보려고" 내려오셨으므로 심판이 있을 것입니다. 어떤 심판이 내려질지 곧 보게 될 테지만, 우리가 주목해야 할 것은 하나님의 행동에 대한 묘사입니다. 사람들은 천국에 닿기를 바라면서 바벨탑을 건축했지만, 하나님이 보시기에는 티끌에 지나지 않았습니다. 어찌나 작은지 보기 위해 하늘에서 내려오셔야만 했습니다.

students / p.45

하나님은 그들을 심판하기로 결정하셨습니다. 그들의 행동에 위협을 느껴서가 아니라, 그들의 마음을 속속들이 보셨기 때문입니다. 죄가 급속히 퍼져 가는 것을 늦추셔야 했던 것입니다.

> 6여호와께서 이르시되 이 무리가 한 족속이요 언어도 하나이므로 이같이 시작하였으니 이 후로는 그 하고자 하는 일을 막을 수 없으리로다 7자, 우리가 내려가서 거기서 그들의 언어를 혼잡하게 하여 그들이 서로 알아듣지 못하게 하자 하시고(창 11:6~7).

students / p.45

하나님은 사람들의 언어를 혼잡하게 만드셨습니다. 즉시 탑을 무너뜨리거나 엄청난 번개를 내리거나 큰 지진을 일으키실 수 있었지만, 그 대신 언어를 다르게 하셨습니다. 사람들이 의논하면서 점점 더 악의 구렁텅이로 빠

연대표

아브라함과 이삭
ABRAHAM AND ISAAC
아들을 제물로 바치라는 명령으로 아브라함이 믿음을 시험받다.

아브라함의 상속자가 약속을 받다
ABRAHAM'S HEIRS RECEIVE THE PROMISE
하나님이 주신 언약이 아브라함의 후손에게 계승되다.

야곱과 에서
JACOB AND ESAU
가족 간의 불화 문제가 장자의 축복에 대한 부모와 아들 사이의 갈등으로 불거지다.

야곱이 하나님과 씨름하다
JACOB WRESTLES WITH GOD
속이는 자였던 야곱이 하나님과 만나 깨어진 후 영원히 변화되다.

져들어 가는 것을 막기 위해서 말입니다. 이것이 하나님의 방법입니다.

그러나 심판 중에도 하나님의 자비를 엿볼 수 있습니다. 창세기에는 '심판 속의 자비'라는 주제의 이야기가 자주 등장합니다. 우리는 창세기 3장, 4장, 6~9장에서 심판에 깃든 하나님의 은혜를 발견할 수 있습니다.

다음 장들을 찾아서 한번 읽어 보세요. 심판에 깃든 하나님의 은혜를 발견할 수 있을 것입니다.

- 창세기 3장 : 아담과 하와는 타락하여 심판을 받아 낙원에서 추방되었습니다. 그러나 이때 오로지 심판의 행위만 있었습니까? 아닙니다. 하나님은 아담과 하와를 그 자리에서 즉시 멸하실 수도 있었습니다. 그러나 그렇게 하는 대신 자비를 베풀어 주셨습니다. 하나님은 동물을 희생시켜 벌거벗은 그들에게 가죽옷을 지어 입히셨습니다. 또한 장차 태어날 여자의 후손 메시아를 통해 뱀의 머리를 부술 것이라고 약속해 주셨습니다.

- 창세기 4장 : 아벨을 살해한 가인은 심판을 받아 땅에서 피하며 유리하는 자가 되었습니다. 그러나 이때도 하나님은 자비를 보여 주셨습니다. 가인이 다른 사람들로부터 복수를 당해 죽을 것을 두려워하자 하나님이 그에게 보호의 표를 주셨습니다.

- 창세기 6~9장 : 사람이 "마음으로 생각하는 모든 계획이 항상 악할 뿐"이어서 계속해서 새로운 악을 만들어 내는 지경에 이르렀을 때, 하나님은 대홍수를 통해 심판하셨습니다. 그러나 이것은 단순한 심판이 아니었습니다. 인류의 남은 자들을 방주에 태워 보존하셨던 것입니다.

students / p.45

오늘날에도 하나님의 은혜는 동일합니다. 히브리서 12장 5~11절에서는, 하나님이 우리가 죄지을 때 징계하시지만 그 징계는 우리가 하나님의 자녀임을 증명하는 좋은 도구라고 했습니다. 하나님은 깊은 사랑과 아끼는 마음에서 우리를 꾸짖으십니다. 그래서 꾸지람을 받을 때 즐겁지 않아도 나중에 보면 평화와 의의 열매를 맺게 되는 것입니다.

알짬 교리 **99**

초월적이신 하나님

하나님의 초월성은 그분이 세상과 뚜렷이 구별되며 독립적이시라는 사실을 가리킵니다. 하나님은 위대함과 능력에서만이 아니라, 선함과 순결함에 있어서도 우리를 초월하십니다. 한마디로 하나님은 사람과 본질적으로 다릅니다. 하나님의 생각은 우리의 생각보다 그 수준이 훨씬 높으며, 하나님의 길은 우리가 짐작조차 할 수 없을 정도로 넓습니다. 하늘과 땅 차이보다도 더 큽니다(사 55:8~9).

하나님은 우리를 구원하실 때, 인간으로서의 존재 목적을 성취할 수 있도록 회복시켜 주십니다. 이것은 우리가 하나님이 된다는 뜻이 아니고, 하나님과 인간 사이에 구분이 사라진다는 뜻도 아닙니다. 하나님의 초월성을 이해하면, 하나님의 선하심과 능력에 대한 경탄과 감탄이 절로 나올 것입니다.

만족, 무엇으로?

하나님은 사람들의 교만에 궁극적으로 어떻게 반응하셨습니까? 하나님은 그들의 언어를 혼잡하게 하심으로써 자비로운 심판을 통해 우상숭배의 계획이 실패하도록 만드셨습니다.

> 8여호와께서 거기서 그들을 온 지면에 흩으셨으므로 그들이 그 도시를 건설하기를 그쳤
> 더라 9그러므로 그 이름을 바벨이라 하니 이는 여호와께서 거기서 온 땅의 언어를 혼잡하
> 게 하셨음이니라 여호와께서 거기서 그들을 온 지면에 흩으셨더라(창 11:8~9).

students / p. 46

성경 이야기를 우리와 별 상관없는 것으로 여기지 말아야 합니다. 창세기 11장의 사건은 우리의 생각과 행동을 돌아보게 해 줍니다. 우리도 당시 사람들처럼, 하나님의 선하심에 등을 돌린 채 에덴동산으로부터 점점 더 멀어져 갑니다. 크고 작은 결정을 내릴 때, 우리도 자주 하나님을 생각하지 않고 그분께 상의하지 않습니다. 하나님 없이 말하고 행동하고 결정하면서도 만족합니다.

우리는 매일 뭔가 만듭니다. 자기의 보물을 쌓아 세상에 드러내고 이것을 자랑하고픈 유혹을 받습니다. '자신의 이름을 내려는' 유혹은 자기가 우주의 중심이며, 구원 또한 스스로 이룰 수 있다고 믿도록 만듭니다. 천국에 가는 길을 낼 수도 있고, 스스로 하나님 같아질 수도 있다고 믿는 것입니다.

하나님이 우리 자신을 우상화하는 계획을 좌절시키심은 복된 소식입니다. 하나님은 언제나 우리의 유익을 위해 헌신하시며, 하나님 안에서 만족을 얻기를 원하십니다. 하나님 외에 즐거움을 찾으려 하는 것을 모두 제거해 나가십니다.

혹시 오랫동안 하늘에 닿을 만큼 명성을 쌓으려고 노력해 왔나요? 만약 하나님이 그것을 한순간에 없애 버리신다면 어떻게 하시겠습니까?

우리가 실패할 때, 우리는 종종 그것을 재난이나 하나님의 심판의 징조로 해석하곤 합니다. 창세기 11장은 우리 계획이 자주 실패하는 것은, 그것이 하나님의 계획이 아니라, 우리의 계획이기 때문임을 분명히 일깨워 줍니다.

하나님은 선하심과 은혜로 그런 계획들을 꽤 자주 좌절시키십니다. 우리를 하나님께로 돌아오게 하는 것이 그분의 뜻입니다. 하나님은 세상 그 무엇도 하나님만큼 우리를 만족시키지 못한다는 사실을 우리가 깨닫길 원하십니다. 우리의 우상 숭배 계획이 실패하지 않으면, 우리는 계속해서 하나님을 거절하면서도 무엇이 잘못인지 알아채지 못할 것입니다.

그리스도와의 연결

students / p.46

하나님은 자기 이름을 내고 자기 나라를 세우려 했던 사람들의 언어를 혼잡하게 하심으로써 사람들 사이에 장벽이 세워지게 하셨습니다(창 11장). 그런데 수천 년이 흐른 뒤 오순절에는 온 세상 사람들 사이를 가로막던 언어의 장벽을 허물어 버리셨습니다. 하나님의 백성이 세상에 흩어져 예수님의 이름을 널리 알리게 하신 것입니다.

창세기를 비롯한 구약성경 곳곳에서 발견되는 '심판 속의 자비'라는 주제는 예수 그리스도의 십자가 은혜를 가리킵니다. 하나님은 십자가에 심판과 자비를 한꺼번에 부으셨습니다. 하나님의 하나뿐인 아들이 우리 죄를 대신 짊어지고 죗값을 치르셨습니다.

우리는 예수님 덕분에 죄에서 놓여 새사람이 된 그리스도인입니다. 노아의 후손들은 하나님이 주신 임무를 무시했지만, 우리는 하나님 나라의 복음을 세상에 전하며 우리에게 주신 사명을 완수하고 우리 이름이 아닌 하나님의 이름을 전합시다.

YOUR STORY

5~10분

하나님이 들려주시는 이야기는 오늘을 사는 나와 늘 연결되어 있습니다. 아래 질문에 답하면서 성경 이야기가 내 이야기와 어떻게 연결되는지 생각해 봅시다.

- **사람이 세운 계획이 하나님 없이 성공하는 것보다 차라리 실패하는 것이 오히려 더 나을 수 있는 이유가 무엇입니까?**
  하나님을 떠나서는 우리가 '성공적'이라고 여기는 것들이 실은 매우 성공적이지 못할 수도 있다는 진리를 생각하게 해 주십시오.

- **오늘날에도 심지어 그리스도인들조차도 '자기 자신을 위하여 이름을 내기 위해' 어떻게 합니까?**
  SNS 활동을 활발히 하거나 뛰어난 운동신경을 자랑하거나 높은 점수를 획득함으로써 사람들로부터 인정을 받으려고 하는 것, 또는 주님을 위한 일을 한다고 하면서도 인정받으려고 애쓰는 모습 등을 예로 들 수 있습니다.

- **열심히 노력해서 어떤 일을 해냈을 때 얻은 칭찬과 영광을 자신과 하나님 가운데 누구에게 돌렸습니까?**
  이 질문에 대한 대답은 다양할 것입니다.

- **어떤 일을 진행하거나 결정할 때 하나님께 여쭤 보는 것이 왜 중요합니까?**
  이 질문에 대한 대답은 다양할 것입니다.

하나님의 이야기
하나님이 그분의 아들
예수 그리스도를 통해
우리를 구속해 주신 이야기

우리의 이야기
우리의 이야기가
하나님의 이야기와
만나는 곳

5~10분

YOUR MISSION

생 각

하나님이 바벨탑을 쌓던 사람들에게 하신 일을 생각해 봅시다. 심판 속에 깃든 자비를 발견하게 될 것입니다. 그들의 언어를 혼잡하게 하여 하나가 되지 못하게 하신 것은 하나님의 심판이자 동시에 하나님의 자비이기도 했습니다.

- **바벨탑 사건에서 하나님에 대해 새롭게 발견한 점은 무엇입니까?**
  이 질문에 대한 대답은 다양할 것입니다.
- **하나님의 심판에서 자비를 발견했습니까? 친구들과 이야기를 나눠 봅시다.**
  하나님이 사람들을 제멋대로 살도록 버려 두지 않으셨다는 사실에서 궁극적으로 자비를 발견합니다. 만일 그런 죄악 속에서 사람들이 서로 연합했다면 분명히 더 큰 죄를 지었을 것이기 때문입니다. 그런 이유로 하나님이 그들의 언어를 혼잡하게 하신 것은 자비입니다.

마 음

바벨탑 사건은 우리가 사람의 마음에 대해 익히 알고 있던 것을 보여 주면서도 한편으로 충격을 던져 주기도 합니다. 죄로 물든 마음이 벌인 악한 일들을 많이 보아 왔음에도, 마치 거울처럼 마음속 교만을 들여다보게 하기 때문입니다.

- **우리가 하는 일이 자신의 이름을 내려고 하는 것인지, 아니면 하나님을 기쁘시게 하려고 하는 것인지 분별할 수 있는 방법을 생각해 봅시다.**
  이 질문에 대한 대답은 다양할 것입니다.
- **우리가 하나님과의 관계를 떠나서 성공을 추구하고 있지는 않은지 어떻게 하면 알 수 있을까요?**
  이 질문에 대한 대답은 다양할 것입니다.

행 동

바벨탑은 사람이라면 누구나 맞닥뜨리는 교만에 대해 경고해 줍니다. 교만은 자기 자신을 남보다, 심지어 하나님보다 우선시하는 자세입니다. 그러나 우주의 중심은 내가 아니라 하나님이십니다. 이 진리를 매 순간 기억하며 살아갈 때 기쁨을 누릴 수 있습니다.

- **어떻게 하면 삶의 중심에 내가 아닌 하나님이 계실 수 있습니까? 구체적인 방법을 생각해 봅시다.**
  이 질문에 대한 대답은 다양할 것입니다.
- **사람들과 하나님 앞에서 교만하지 않고 겸손할 수 있는 지혜가 있다면 나눠 봅시다.**
  이 질문에 대한 대답은 다양할 것입니다. 예를 들자면 복음 기억하기, 나보다 남을 더 소중히 여기기, 다른 사람의 필요를 우선시하기 등이 있습니다.

다음 모임까지
창세기 24~29장을
읽어 보세요.

07

복덩이가 된 사람 이야기

요 약

이 과에서 우리는 언약을 맺으시는 하나님에 대해 배울 것입니다. 죄 때문에 인간은 에덴동산에서 하나님과 멀어졌고, 바벨에 이르러서는 서로와 멀어졌습니다. 그러나 하나님은 한 사람, 한 가족을 택함으로써 관계를 회복시키겠다고 약속하셨습니다. 이 약속은 후에 아브라함의 후손 나사렛 예수를 통해 성취되었습니다. 그리고 오늘날에도 예수 그리스도를 머리로 한 교회의 사명을 통해 이루어지고 있습니다. 복음을 믿는 온 세계 사람이 하나님의 가족이 되고 있습니다.

성 경

창세기 12장 1~4절; 15장 1~6절; 17장 1~14절

HIS STORY

20~30분

포 인 트

하나님은 한 사람을 통해 하나님 나라를 회복하신다.

등 장 인 물

@삼위일체 하나님(성부, 성자, 성령)
@아브라함(족장, 열국의 아버지로 하나님께 선택됨)

메시지 좌표

지난 과에서 우리는 대홍수에서 살아남은 사람들이 꼭대기가 하늘을 찌르는 바벨탑을 쌓으려 하다가 하나님께 심판받는 이야기를 살펴보았습니다. 하나님은 교만의 탑을 쌓던 사람들을 보기 위해 내려오셔서 그들의 언어를 혼잡하게 하고 그들을 지면에 흩으셨습니다.

창세기 3장에서 시작된 죄와 그로 인해 하나님에게서 멀어진 문제가 창세기 11장을 지날 때까지 점점 더 악화되어 갔습니다. 그들은 하나님으로부터 멀어질 뿐만 아니라 서로에게서도 멀어져 갔습니다.

관계를 가로막는 장벽을 없애려면 어떻게 해야 할까요? 하나님은 이 문제를 어떻게 해결하실까요? 하나님이 사람들과의 관계를 어떻게 새롭게 하시고, 구원 계획을 계속해 나가시는지 살펴봅시다.

특히 상황이 어려울 때는 큰 그림을 보기가 어렵고, 하나님이 어떻게 일하고 계신지를 가늠하기가 어렵습니다. 우리는 하나님이 모든 것을 보고 계시며 우리에게 하신 약속을 반드시 지키신다는 사실을 믿어야 합니다.

▸ 하나님께 버림받은 듯 혼란과 좌절에 빠졌지만 나중에 보니 하나님이 한결같이 신실하게 역사하고 계셨음을 깨달은 적이 있는지에 대해 나누게 하십시오.

▸ 현재 크고 불가능해 보이는 문제에 직면한 사람이 있다면 그런 상황에서 어떻게 하나님의 약속을 기억하고 그분의 큰 계획을 신뢰할 수 있을지 토론하게 하십시오.

도 입

5~10분

다음 이야기를 들려준 후, 토론하게 하십시오(아래 질문 참고).

결혼이란 무엇입니까? 결혼은 언약입니다. 남자와 여자가 자신을 상대방에게 약속으로 묶는 것입니다. 죽음이 갈라놓을 때까지 서로를 사랑하겠다고 작정하는 것입니다. 상대방이 어떻게 하든지, 또 어떻게 되든지 약속을 지키기로 동의하는 것입니다. 그런데 요즘 많은 사람이 결혼을 언약이 아닌 계약으로 여깁니다. '당신이 당신의 계약 조건을 지켜야 나도 내 계약 조건을 지킨다.' 언약과 달리 계약은 한쪽이 깨뜨리면 무효가 되고 맙니다.

이러한 동향은 결혼뿐 아니라 하나님과의 관계에도 영향을 끼쳤습니다. 왜 그렇습니까? 성경은 하나님과 그분의 백성 사이의 관계를 언약으로 묘사하기 때문입니다. 그렇지만 사람들은 종종 하나님과의 관계를 계약으로 여깁니다. "나는 내 할 몫을 다하며 착하게 살아야 해. 그래야 하나님이 끝까지 돌봐 주시지. 사는 동안 축복해 주시고, 죽은 후에는 천국으로 데려가실 거야. 그렇지만 착하게 사는데도 내가 원하는 걸 들어주시지 않는다면, 그때는 미련 없이 하나님과 굿바이야!"

가까운 사람들을 떠올려 보게 하십시오. 그들과의 관계가 조건부인지 아닌지 생각해 보게 한 후, 만일 조건부라면 어떤 문제가 일어날 수 있는지를 나누게 하세요. 하나님과 거래하듯이 조건을 앞세운 경험도 나누어 보게 하세요. 그것이 하나님의 약속에 대한 불신을 보여 주는 것임을 설명해 주세요.

도입 선택

유명인의 이마, 귀, 코 등 신체 각 부위를 확대한 사진을 학생들에게 보여 주세요. 부분만 보고 그 사람이 누구인지 알아맞혀 보게 하십시오. 잠시 추측하게 한 후에 전체 사진을 보여 주세요. 부분만 보고서는 그가 누구인지 알아맞히기 어렵다는 사실을 지적하십시오.

연 대 표

아브라함을 부르심
THE CALLING OF ABRAHAM
하나님이 아브라함과 언약을 맺으시다.

아브라함과 이삭
ABRAHAM AND ISAAC
아들을 제물로 바치라는 명령으로 아브라함이 믿음을 시험 받다.

한 사람이면 충분하단다!

students / p. 56

하나님은 사람을 포기하지 않고 구원 계획을 바꾸지 않으셨습니다. 그 계획대로 아브람을 선택해 특별한 관계를 맺으셨습니다. 하나님은 훗날 그의 이름을 아브라함으로 바꿔 주십니다. 사람이 에덴동산과 바벨에서 겪었던 불행, 즉 하나님과 멀어지고 서로 간에 멀어진 일을 하나님은 아브람의 후손을 통해 돌이켜 주십니다.

[1]여호와께서 아브람에게 이르시되 너는 너의 고향과 친척과 아버지의 집을 떠나 내가 네
게 보여 줄 땅으로 가라 [2]내가 너로 큰 민족을 이루고 네게 복을 주어 네 이름을 창대하게
하리니 너는 복이 될지라 [3]너를 축복하는 자에게는 내가 복을 내리고 너를 저주하는 자
에게는 내가 저주하리니 땅의 모든 족속이 너로 말미암아 복을 얻을 것이라 하신지라 [4]이
에 아브람이 여호와의 말씀을 따라갔고 롯도 그와 함께 갔으며 아브람이 하란을 떠날 때
에 칠십오 세였더라(창 12:1~4).

알짬 교리 99

선택

하나님은 자비로운 뜻에 따라 '선택'하십니다. 죄인을 거듭나게 하시고, 의롭게 하시고, 성화시키시고, 영화롭게 하신다는 뜻에서 자비에 의한 선택이라는 것입니다. 하나님의 선택은 인간의 자율과 일치하며, 마지막까지 필요한 모든 수단을 꿰고 있습니다. 또한 하나님의 주권적 선하심을 영광스럽게 드러내며, 무한히 지혜롭고 거룩하며 영원불변합니다. 우리로 하여금 자랑하지 못하게 하고 더욱 겸손하게 합니다.

students / p. 52

하나님의 약속은 바벨탑 사건과 대조됩니다. 그들은 스스로 이름을 내길 원했지만(창 11:4), 아브람은 그의 이름을 창대하게 해 주시겠다는 하나님의 약속을 받았습니다(창 12:2). 그들은 심판을 받아 온 땅에 흩어졌지만, 아브람은 그를 통해 땅의 모든 족속이 복을 얻을 것이라는 하나님의 약속을 받았습니다(창 12:3).

본문에서 하나님이 말씀하신 '내가'에 동그라미를 쳐 봅시다. 하나님이 그분의 영광과 구속 계획을 이루기 위해 행하시는 열정을 깨달을 수 있습니까?

하나님은 아브람과의 언약 관계를 통해 비극을 돌이키실 것입니다. 하나님은 아브람에게 땅, 후손, 축복 등 세 가지를 약속하셨습니다.

약속의 땅

하나님은 아브람에게 새로운 땅을 약속하며, 그가 있던 곳을 떠나도록 명령하셨습니다. 아브람은 그 명령에 순종해 하란을 떠나 약속의 땅 가나안으로 갔습니다. 아브람의 순종은 그가 하나님의 약속을 믿었다는 증거입니다.

본문으로 더 깊이

하나님이 아담과 노아에게 명령하신 것을 기억하십시오. "생육하고 번성하여 땅에 충만하라"(창 1:28; 9:1). 하나님은 아브람과 다른 족장들에게도 같은 내용을 반복하시는데, 이때는 명령이 아니라 약속이었습니다. 즉, '생육하라'가 아니라 '내가 너를 생육하게 하리라'인 것입니다. 아담에게는 스스로 큰 가족을 이루라고 말씀하셨지만, 아브람에게는 그를 새로운 인류의 머리로 삼아 일가를 이루게 하실 것이라고 약속해 주셨습니다(창 17:2, 6).

_*폴 J. 라잇하르트*

Paul J. Leithart, *A House for My Name* (Canon Press, 2000), 61.

약속된 후손

하나님은 아브람으로 하여금 큰 민족을 이루도록 하겠다고 약속하셨습니다. 이 약속은 "여자의 후손이 뱀의 머리를 부술 것"(창 3:15)이라는 말씀의 연장선에 있습니다. 중요한 시점마다 하나님은 아브람의 "자손"(창 15:5; 17:8)에 대해 언급하십니다. 이 약속은 아브람 이야기의 주된 관심사가 됩니다. 그의 아내 사래가 자녀를 갖지 못했기 때문이죠.

약속된 축복

마지막으로 하나님은 아브람과 그의 후손을 통해 땅의 모든 족속을 축복하겠다고 약속하셨습니다. 이것은 장차 역사의 토대가 되는 핵심 구절입니다. 하나님의 계획은 단지 몇 명만이 아니라 모든 족속을 구원하는 것이었습니다. 하나님은 온 열방을 위한 언약의 하나님이 되길 원하십니다. 아브람에게서 나오는 이스라엘 백성은 열방의 빛이 되어 온 세상 사람으로 하여금 살아 계시며 유일하신 참하나님을 예배하도록 이끌라는 부름을 받았습니다.

연 대 표

아브라함의 상속자가 약속을 받다
ABRAHAM'S HEIRS RECEIVE THE PROMISE
하나님이 주신 언약이 아브라함의 후손에게 계승되다.

야곱과 에서
JACOB AND ESAU
가족 간의 불화 문제가 장자의 축복에 대한 부모와 아들 사이의 갈등으로 불거지다.

야곱이 하나님과 씨름하다
JACOB WRESTLES WITH GOD
속이는 자였던 야곱이 하나님과 만나 깨어진 후 영원히 변화되다.

요셉의 역경
JOSEPH'S HARDSHIPS
요셉의 고난과 하나님의 자비

약속을 잊지 않는단다!

students / p. 53

때로 눈에 보이는 증거가 하나님의 약속과 반대로 나타날 때가 있습니다. 하나님의 멋진 약속에도 불구하고 아브람과 사래는 자녀가 없었고 나이도 너무 많았습니다. 그래서 아브람은 하나님의 약속에 의구심을 품게 되었습니다. 급기야 제힘으로 해결해 보려고까지 했습니다. 자신이 처한 현실을 본 그는 하나님께 귀띔해 드리고 싶었는지도 모릅니다. '아직도 자식이 없으니 종 엘리에셀이 내 뒤를 잇게 생겼구나.'

> 1이 후에 여호와의 말씀이 환상 중에 아브람에게 임하여 이르시되 아브람아 두려워하지 말라 나는 네 방패요 너의 지극히 큰 상급이니라 2아브람이 이르되 주 여호와여 무엇을 내게 주시려 하나이까 나는 자식이 없사오니 나의 상속자는 이 다메섹 사람 엘리에셀이니이다 3아브람이 또 이르되 주께서 내게 씨를 주지 아니하셨으니 내 집에서 길린 자가 내 상속자가 될 것이니이다(창 15:1~3).

students / p. 53

솔직히 아브람이 의구심을 품을 만했습니다. 우리도 그런 때가 있지 않습니까? 하나님의 약속이 이루어지지 않을 것 같은 불길함에 빠져드는 순간 말입니다.

그러나 아브람이 의심하는 와중에 하나님이 그를 찾아오셨습니다. 지난 약속들을 재확인하고 새로운 약속까지 더해 주셨습니다. 그제야 아브람은 하나님을 믿었습니다!

> 4여호와의 말씀이 그에게 임하여 이르시되 그 사람이 네 상속자가 아니라 네 몸에서 날
> 자가 네 상속자가 되리라 하시고 5그를 이끌고 밖으로 나가 이르시되 하늘을 우러러 뭇별
> 을 셀 수 있나 보라 또 그에게 이르시되 네 자손이 이와 같으리라 6아브람이 여호와를 믿
> 으니 여호와께서 이를 그의 의로 여기시고(창 15:4~6).

students / pp. 53~54

하나님은 아브람에게 친아들을 주겠다고 확실히 말씀하셨습니다. 실제로 하나님은 아브람에게 하늘의 뭇별만큼이나 많은 후손을 주셨습니다. 하나님은 그에게뿐 아니라 그의 후손에게도 거듭 약속하시고(창 22:17; 26:4; 28:14) 끝내 이루셨습니다.

아브라함의 후손 모세의 말을 들어봅시다. "너희의 하나님 여호와께서 너희를 번성하게 하셨으므로 너희가 오늘날 하늘의 별같이 많거니와"(신 1:10). "애굽에 내려간 네 조상들이 겨우 칠십 인이었으나 이제는 네 하나님 여호와께서 너를 하늘의 별같이 많게 하셨느니라"(신 10:22).

바울의 갈라디아서 논증도 하나님이 아브람의 후손을 하늘의 별처럼 많게 하신다는 약속을 어떻게 성취해 나가시는지 보여 줍니다. 아브라함의 후손이 되는 것은 DNA의 문제가 아니라 예수 그리스도를 믿는 믿음의 문제임을 분명히 밝혔습니다(롬 4:11~12; 갈 3:7). 아브람의 믿음을 가진 자만이 아브라함의 후손이며, 장차 천국에서 "각 나라와 족속과 백성과 방언에서 나오는 아무도 능히 셀 수 없는 큰 무리"가 될 것입니다(계 7장 참조).

하나님은 아브람에게 이것을 약속하시고, 마치 결혼식을 하듯 언약식을 통해 아브람과 자신을 약속으로 묶으셨습니다(창 15:7~21). 하나님이 아브람에게 새를 제외한 암소와 암염소와 숫양을 반으로 쪼개 놓으라고 명령하셨습니다. 그가 기다리다가 깊이 잠들자, 하나님은 그에게 장차 있을 출애굽과 약속의 땅에서 아모리 족속을 정벌할 것에 대해 말씀하셨습니다. 그러고 나서 여호와의

임재가 연기 나는 화로와 타는 횃불로 나타나 쪼개진 고기 사이로 지나갔습니다. 요컨대, 이것은 하나님이 아브람에게 이렇게 말씀하시는 것입니다. "내가 네게 한 약속들이 성취되지 않는다면 이런 일이 내게 일어나리라. 만일 내가 언약을 완전히 이행하지 않는다면 이처럼 쪼개질 것이다." 만약 언약이 깨어지면 기꺼이 저주를 받겠노라고 하셨는데, 바로 십자가에서 그 언약이 정확히 성취되었습니다.

그리스도와의 연결

students / p. 54

하나님이 아브라함을 부르신 이야기는 여러모로 예수님에 대한 예표입니다. 하나님이 아브라함에게 말씀하셨습니다. "내가 이 땅을 네 자손에게 주리라"(창 12:7). 여기서 '자손'은 '집단'(창 13:16)이라는 의미일 수도 있고, '한 사람'(창 3:15; 4:25['다른 씨'])이라는 의미일 수도 있습니다. 사실 아브라함의 많은 후손은 이삭이라는 1명의 약속된 아들로부터 복을 받았다고 할 수 있습니다. 바울은 갈라디아서 3장에서 '오직 한 사람'에 주목했습니다(갈 3:16). 그는 하나님의 약속이 가리키는 것은 '자손들'이 아닌 '오직 한 사람'이며, 궁극적으로 예수 그리스도를 가리키는 것이라고 했습니다. 그러나 바로 그 '한 사람' 예수님께 속한 사람들은 "곧 아브라함의 자손이요 약속대로 유업을 이을 자"(갈 3:29)로 불리게 됩니다.

예수님과의 연결성을 창세기 15장 6절에서도 찾을 수 있습니다. 하나님은 아브라함의 믿음을 그의 의로 여기셨습니다. 갈라디아서 3장에서 바울도 아브라함의 믿음을 구원받게 하는 믿음의 모델로 지목했습니다. 바울은 우리가 율법 준수로는 의롭다 함(하나님 앞에서 의롭다고 선포됨)을 받지 못한다고 주장했습니다(갈 3:11). 하나님의 율법을 어기는 자들은 저주를 받는데, 우리는 모두 율법에 대한 범법자들입니다.

그러나 좋은 소식은 그리스도께서 십자가에서 우리를 위해 저주가 되셨다는 것입니다(갈 3:13). 칭의는 오직 예수님을 믿음으로 얻습니다. 아브라함의 경우와 마찬가지로, 하나님이 그분의 의를 우리의 계좌에 거저 넣어 주십니다(갈 3:6~7). 오늘날 우리도 이러한 하나님의 약속을 신뢰하도록 부름받았습니다.

본문으로 더 깊이

창세기 17장 1~14절을 읽으십시오. 믿음이 흔들리는 아브람의 모습이 보일 것입니다. 그와 사래가 할아버지 할머니가 되었는데도 여전히 자녀가 없었기 때문입니다. 아브람이 99세 때, 하나님이 그에게 오셔서 과거의 약속들을 재차 확인하셨습니다. 이번에는 그에게 '아브라함'이라는 새 이름을 주시며 언약 관계의 징표, 즉 세상 사람들과 구별된 하나님의 백성이라는 징표로 삼으셨습니다. 아브라함은 '여러 민족의 아버지'라는 뜻입니다(창 17:5). 그뿐만 아니라 사래의 이름도 '왕녀'를 뜻하는 '사라'로 바꿔 주셨습니다. 장차 왕들이 아브라함의 가문에서 나올 것이기 때문입니다. 아브라함은 왕의 계보를 세우게 될 것입니다. 만왕의 왕, 나사렛 예수까지 이어지는 계보 말입니다.

YOUR STORY

5~10분

하나님이 들려주시는 이야기는 오늘을 사는 나와 늘 연결되어 있습니다. 아래 질문에 답하면서 성경 이야기가 내 이야기와 어떻게 연결되는지 생각해 봅시다.

- **가정, 학교, 미래, 관계 등 삶의 여러 영역 중에서 특히 하나님의 약속을 신뢰하기 어려운 영역은 무엇입니까?**
  이 질문에 대한 대답은 다양할 것입니다.

- **원하는 결과를 얻기 위해 혼자 힘으로 추진했던 일이 있습니까? 그 결과가 어땠습니까?**
  이 질문에 대한 대답은 다양할 것입니다. 선생님 자신의 이야기를 들려주며 대화를 시작하는 것이 좋습니다.

- **하나님의 규칙을 잘 지키고 못 지키느냐에 따라 그분과의 관계가 달라질까요? 그렇게 생각한다면 그 이유는 무엇입니까?**
  이런 생각을 하는 이유는 종종 하나님과의 관계를 행위 중심적으로 보기 때문입니다. 성경은 행위가 아닌 은혜에 근거해 하나님과의 관계를 생각하며, 오직 하나님의 자비와 은혜, 그리스도로 말미암아 하나님과의 관계 속으로 들어갈 수 있음을 알라고 가르칩니다.

- **하나님은 사람이 율법 중심으로 살길 바라실까요?**
  이 질문에 대한 대답은 다양할 것입니다.

하나님의 이야기
하나님이 그분의 아들
예수 그리스도를 통해
우리를 구속해 주신 이야기

우리의 이야기
우리의 이야기가
하나님의 이야기와
만나는 곳

5~10분

YOUR MISSION

생 각

하나님이 아브라함을 부르신 이야기는, 우리가 장차 언제 어디서 어떤 일을 겪게 될지 몰라도 그분이 부르시면 그분을 신뢰하며 나아가야 한다는 교훈을 줍니다. 아브라함이 바로 그러한 상황을 겪었습니다. 그는 하나님의 말씀을 좇아 안락한 집, 가족, 친구 등 모든 익숙한 것에서 떠나야 했습니다.

- **아브라함은 왜 하나님의 말씀에 순종하며 그의 땅을 떠났을까요?**
  이 질문에 대한 대답은 다양할 것입니다.
- **누군가 우리에게 대부분의 사람이 받아들이기 어려운 일을 제안했다고 가정해 봅시다. 무엇이 있어야 그 일을 할 수 있겠습니까?**
  이 질문에 대한 대답은 다양할 것입니다.

마 음

하나님이 아브라함을 부르신 이야기는, 하나님이 우리를 찾아오시지 우리가 찾아가는 것이 아님을 깨닫게 합니다. 우리는 자기 의가 아닌 하나님의 의로써 하나님 앞에 설 수 있습니다.

- **하나님이 우리를 먼저 찾아오신다는 사실을 알게 된 후 하나님을 더욱 신뢰하게 되었습니까?**
  하나님은 먼저 찾아오심으로써 우리를 얼마나 아끼고 사랑하는지 보여 주셨습니다. 누구나 자기를 진정으로 아끼고 돌봐 주는 대상을 신뢰하게 마련입니다.
- **하나님이 그분을 믿는 사람을 의롭게 여기신다는 사실을 알고 난 후 거룩하게 살 마음을 얻었습니까?**
  하나님으로부터 값없이 의롭다 함을 얻은 사실을 아는 것은 우리를 자유롭게 합니다. 그리고 주님이 우리에게 보여 주신 은혜에 반응하고 순종하며 살도록 이끕니다.

행 동

하나님이 아브라함을 부르신 이야기는, 인류를 향한 하나님의 구속 계획 중 일부분입니다. 아브라함 개인의 이야기도, 심지어 아브라함 후손의 이야기도 아닙니다. 이것은 하나님의 이야기입니다. 하나님은 아브라함을 통해 모든 족속, 방언, 나라의 사람들을 구원하실 것입니다. 하나님이 전 지구를 바라보는 관점을 가지셨다면, 우리도 그래야 하지 않겠습니까?

- **학생으로서 예수님의 증인으로 살아가며 세상의 빛과 소금이 되는 방법에는 어떤 것들이 있을까요?**
  이 질문에 대한 대답은 다양할 것입니다. 예를 들어 중보 기도, 전도, 단기 선교, 기독교 동아리 활동 등이 있습니다.
- **하나님의 백성으로서 우리가 어떻게 사명을 감당해야 하나님께 영광이 될까요?**
  그리스도인의 삶은 주변에 어떤 형태로든 영향을 미칩니다. 예수님을 높이는 삶을 살면 하나님이 영광을 받으십니다.

다음 모임까지
창세기 30~37장을
읽어 보세요.

자료 3

하나님이 공급하시다

	죽음에 직면한 사람들	대속 제물	이유
창세기 22장	이삭: 아브라함의 "독생자"(창 22:2)	숫양	"아브라함이 그 땅 이름을 여호와 이레라 하였으므로 오늘날까지 사람들이 이르기를 여호와의 산에서 준비되리라 하더라"(창 22:14).
출애굽기 12~13장 (유월절)	장자	흠 없는 어린양이나 염소	"내가 애굽 땅을 칠 때에 그 피가 너희가 사는 집에 있어서 너희를 위하여 표적이 될지라 내가 피를 볼 때에 너희를 넘어가리니 재앙이 너희에게 내려 멸하지 아니하리라"(출 12:13).
레위기 16장 (대속죄일)	이스라엘 백성	숫양, 숫염소, 수송아지 등	"이날에 너희를 위하여 속죄하여 너희를 정결하게 하리니 너희의 모든 죄에서 너희가 여호와 앞에 정결하리라"(레 16:30).
요한계시록 5장	죄인	예수님: "하나님의 어린양" (요 1:29)	"세상 죄를 지고 가는 하나님의 어린 양이로다"(요 1:29). "일찍이 죽임을 당하사 각 족속과 방언과 백성과 나라 가운데에서 사람들을 피로 사서 하나님께 드리시고"(계 5:9).

08

믿음은 이래! 여호와 이레

요 약

지난 과에서 우리는 하나님이 아브라함을 선택하여 구원자가 오실 가문의 믿음의 조상으로 삼으신 것을 살펴보았습니다. 아브라함은 늙었고 여전히 자녀가 없었지만, 하나님의 놀라운 약속이 이루어질 것을 믿었습니다.

이 과에서는 하나님의 약속에 대한 아브라함의 믿음이 어떻게 시험받는지를 볼 것입니다. 하나님은 그분이 아브라함에게 주신 아들 이삭을 희생 제물로 바치라고 명령하셨습니다. 아브라함은 하나님을 온전히 이해할 수는 없었지만, 어떤 식으로든 언약을 신실하게 지키실 것을 믿고 기꺼이 순종했습니다. 이 사건은 하나님이 죄에 대해 요구하시는 특별한 희생이 무엇인지, 그리고 하나님의 약속을 믿는 믿음이 어떻게 구원의 힘을 발휘하는지를 보여 줍니다.

성 경

창세기 22장 1~14절 ; 히브리서 11장 17~19절

HIS STORY

20~30분

포 인 트

믿음이란 구원을 약속하신 하나님을 끝까지 신뢰하는 것이다.

등 장 인 물

@삼위일체 하나님(성부, 성자, 성령)
@아브라함(족장, 열국의 아버지로 하나님께 선택됨)
@이삭(아브라함과 사라에게서 난 약속의 아들)

메시지 좌표

지난 과에서 우리는 하나님이 아브라함을 택하여 부르심으로써 구원 계획을 구체화해 나가시는 것을 보았습니다. 오랜만에 보는 희망찬 순간이었습니다. 인간이 타락하여 죄로 물들었지만, 하나님은 인간을 버리지 않으셨습니다. 이는 하나님이 그분의 언약에 신실하시며, 만물을 회복하고 새롭게 하기 위해 여전히 일하고 계심을 말해 줍니다.

그런데 이 좋은 때에 선뜻 이해하기 어려운 일이 일어났습니다. 겉으로 보기에는 말도 안 되게 황당하고 절대 좋은 뜻일 리 없는 일이었습니다. 그럼에도 불구하고 사람이 하나님의 명령대로 순종한다면 하나님은 그분의 구원 계획을 이루어 가실 것입니다.

▶ 아브라함의 이야기 속에서 하나님은 무슨 일을 하고 계신가요? 진정한 믿음과 하나님의 주권에 대해, 우리 자신과 궁극적으로 장차 오실 하나님의 아들에 대해 우리에게 무엇을 가르치고 계신가요?

도 입

5~10분

다음 이야기를 들려준 후, 토론하게 하십시오(아래 질문 참고).

미국인을 대상으로 천국에 대한 믿음을 조사했습니다. 결과를 보니 67%가 천국을 믿었고, 그들 대다수가 천국에 가려면 먼저 '착한 사람이 되어야 한다'고 믿었습니다. 대중문화는 인과응보나, 착하게 살아야만 신에게 가까이 갈 수 있다는 생각을 주입시키니 놀랄 만한 일도 아닙니다. 이처럼 통제와 복종으로 천국에 갈 수 있다는 생각이 만연합니다. 그러나 성경은 처음부터 끝까지 오직 은혜로, 믿음을 통해서만 구원을 얻을 수 있다고 가르칩니다. "너희는 그 은혜에 의하여 믿음으로 말미암아 구원을 받았으니 이것은 너희에게서 난 것이 아니요 하나님의 선물이라 행위에서 난 것이 아니니 이는 누구든지 자랑하지 못하게 함이라"(엡 2:8~9).

▶ 주변 사람들에게 자신이 그리스도인임을 드러내며 사는 것이 왜 중요할까요?

놀라지 마! 시험이야

students / p. 58

하나님은 아브라함에게 하늘의 뭇별처럼 많은 후손과 그를 통해 땅의 모든 족속에게 복을 주실 것을 약속하셨습니다. 그런데 문제가 있었습니다. 아브라함에게 자녀가 없었을 뿐 아니라, 그의 아내 사라가 아이를 낳기에는 너무 늙었기 때문입니다. 그럼에도 하나님은 거듭 약속하셨고, 아브라함은 그것을 굳게 믿었습니다.

지난 본문(창 17장)과 이번 본문(창 22장) 사이에 여러 가지 일이 일어났는데, 그중에는 하나님의 약속을 위협하는 사건도 있었습니다. 아비멜렉 왕이 사라를 아내로 맞이하려고 했던 것입니다. 그러나 신실하신 하나님이 그들을 지켜 주셨습니다.

마침내 기적적으로 약속의 아들 이삭이 태어났습니다(창 21장). 이삭은 하나님의 언약을 이어받을 상속자입니다. 그로부터 십수 년이 지난 어느 날, 아브라함이 믿음의 시험을 받습니다. 세상 어느 아버지라도 경악할 일을 하나님이 아브라함에게 시키신 것입니다. 특히 구원의 통로가 될 사람에게는 더욱 끔찍한 일이었습니다.

도입 선택

미리 인터넷에서 수능 예시 문제를 몇 개 찾아서 칠판에 적어 두십시오. 학생들에게 종이와 연필을 나눠 주고 간단한 시험을 볼 것이라고 말하세요. 활동 후에 학생들에게 시험이 왜 필요한가에 관해 묻고 토론하게 하십시오(예: 무엇을 배웠는지 점검하려고, 좋은 대학에 들어가려고 등).

- ***시험에 합격하거나 탈락한 후 어떤 감정을 느낄까요? 자신에 대해 어떤 것을 알게 될까요? (예: 나는 수학에 재능이 없어, 노력이 부족했어 등)***

이 과에서 우리는 하나님이 아브라함을 어떻게 시험하셨는지 살펴볼 것입니다. 시험 결과, 아브라함은 하나님이 준비하시는 분, 즉 '여호와 이레'이심을 배웠습니다.

- ***믿음의 시험을 받아 본 적이 있나요? 그때 어떤 것을 배웠나요?***

연 대 표

아브라함과 이삭

ABRAHAM AND ISAAC

아들을 제물로 바치라는 명령으로 아브라함이 믿음을 시험받다.

1그 일 후에 하나님이 아브라함을 시험하시려고 그를 부르시되 아브라함아 하시니 그가
이르되 내가 여기 있나이다 2여호와께서 이르시되 네 아들 네 사랑하는 독자 이삭을 데
리고 모리아 땅으로 가서 내가 네게 일러 준 한 산 거기서 그를 번제로 드리라 3아브라함
이 아침에 일찍이 일어나 나귀에 안장을 지우고 두 종과 그의 아들 이삭을 데리고 번제에
쓸 나무를 쪼개어 가지고 떠나 하나님이 자기에게 일러 주신 곳으로 가더니 4제삼일에 아
브라함이 눈을 들어 그곳을 멀리 바라본지라 5이에 아브라함이 종들에게 이르되 너희는
나귀와 함께 여기서 기다리라 내가 아이와 함께 저기 가서 예배하고 우리가 너희에게로
돌아오리라 하고 6아브라함이 이에 번제 나무를 가져다가 그의 아들 이삭에게 지우고 자
기는 불과 칼을 손에 들고 두 사람이 동행하더니(창 22:1~6).

어떤 사람을 신뢰한다고 말하기는 쉽습니다. 하지만 신뢰의 증거는 순종으로 나타나야 합니다. 우리는 아브라함의 이야기에서 이것을 확인할 수 있습니다. 언약의 하나님이 아브라함의 믿음을 시험하기 위해 '외아들 이삭'을 희생 제물로 바치라고 하셨습니다. 그것은 사소한 요구가 아니었지요. 그는 아들을 깊이 사랑했을 뿐만 아니라, 이삭이 하나님의 축복과 언약을 이어받을 상속자라는 것을 알고 있었으니까요. 하나님은 그의 후손이 하늘의 뭇별처럼 많을 것이라고 하셨고, 그의 후손을 통해 세상을 회복시킬 것이라고 약속하셨습니다.

아브라함에게 주신 하나님의 시험은 우리가 헤아릴 수 있는 범위를 뛰어넘는 것이었습니다. 왜냐하면 그 결과가 온 세상의 구원에 영향을 미칠 것이기 때문입니다. 만일 이삭이 죽는다면, 구원의 약속 또한 이삭과 함께 죽을 것입니다.

그러나 아브라함은 순종하는 믿음으로 아침 일찍 일어나 제사에 필요한 물건들을 모두 챙긴 후 하나님이 일러 주신 곳을 향해 출발했습니다. 사흘 길을 가고 난 후 하나님이 약속하신 곳이 보이자 아브라함은 종들에게 나귀를 맡기며 말했습니다. "여기서 기다리라 내가 아이와 함께 저기 가서 예배하고 우리가 너희에게로 돌아오리라"(창 22:5). 그리고 아브라함은 불과 칼을 손에 들고, 이삭에게는 번제 나무를 지워 산을 올랐습니다.

아브라함은 하나님의 약속에 대한 강한 믿음을 보여 주었습니다. 그는 이삭을 희생 제물로 기꺼이 바치려고 했을 뿐 아니라, 어떤 식으로든 아들이 다시 살아날 것이라고 믿었습니다. 그래서 제사를 드리고 나서 아들과 함께 돌아올 것이라고 종들에게 말할 수 있었던 것입니다. 그는 하나님이 자손에 대한 약속을 지키실 것을 믿었습니다. 설령 죽음으로부터의 부활이 필요하더라도 말입니

다(히 11:17~19 참조). 그는 무슨 일이 일어날지 정확히 알지 못했지만, 신실하신 하나님을 굳게 믿었습니다.

오케이, 통과!

● students / p.59

아브라함에게 닥친 끔찍한 순간은 어떻게 끝났습니까? 하나님의 약속은 어떻게 되었습니까?

> 7이삭이 그 아버지 아브라함에게 말하여 이르되 내 아버지여 하니 그가 이르되 내 아들
> 아 내가 여기 있노라 이삭이 이르되 불과 나무는 있거니와 번제할 어린양은 어디 있나이
> 까 8아브라함이 이르되 내 아들아 번제할 어린양은 하나님이 자기를 위하여 친히 준비하
> 시리라 하고 두 사람이 함께 나아가서 9하나님이 그에게 일러 주신 곳에 이른지라 이에
> 아브라함이 그곳에 제단을 쌓고 나무를 벌여 놓고 그의 아들 이삭을 결박하여 제단 나무
> 위에 놓고 10손을 내밀어 칼을 잡고 그 아들을 잡으려 하니 11여호와의 사자가 하늘에서부
> 터 그를 불러 이르시되 아브라함아 아브라함아 하시는지라 아브라함이 이르되 내가 여기
> 있나이다 하매 12사자가 이르시되 그 아이에게 네 손을 대지 말라 그에게 아무 일도 하지
> 말라 네가 네 아들 네 독자까지도 내게 아끼지 아니하였으니 내가 이제야 네가 하나님을
> 경외하는 줄을 아노라 13아브라함이 눈을 들어 살펴본즉 한 숫양이 뒤에 있는데 뿔이 수
> 풀에 걸려 있는지라 아브라함이 가서 그 숫양을 가져다가 아들을 대신하여 번제로 드렸
> 더라 14아브라함이 그 땅 이름을 여호와 이레라 하였으므로 오늘날까지 사람들이 이르기
> 를 여호와의 산에서 준비되리라 하더라(창 22:7~14).

이삭이 아브라함에게 "번제할 어린양은 어디 있나이까" 하고 물은 것에 주목하십시오. 아버지는 불과 칼을 들고 자신은 나무를 지고 있는데, 번제로 드릴 짐승이 없었기 때문입니다. 이삭의 질문이 구약 전체에 메아리칩니다. "어린양은 어디 있습니까? 희생 제사를 어떻게 치릅니까?" 이때 아브라함이 대답했습니다. "번제할 어린양은 하나님이 자기를 위하여 친히 준비하시리라." 이것이 기독교 신앙의 핵심입니다. 우리는 하나님이 구원을 베푸심을 굳게 믿어야 합니다. 여호와 이레, 하나님은 대속 제물을 준비하시는 분이기 때문입니다.

연 대 표

아브라함의 상속자가 약속을 받다
ABRAHAM'S HEIRS RECEIVE THE PROMISE
하나님이 주신 언약이 아브라함의 후손에게 계승되다.

야곱과 에서
JACOB AND ESAU
가족 간의 불화 문제가 장자의 축복에 대한 부모와 아들 사이의 갈등으로 불거지다.

야곱이 하나님과 씨름하다
JACOB WRESTLES WITH GOD
속이는 자였던 야곱이 하나님과 만나 깨어진 후 영원히 변화되다.

요셉의 역경
JOSEPH'S HARDSHIPS
요셉의 고난과 하나님의 자비

많은 사람의 구원
THE SALVATION OF MANY
요셉이 악한 일을 당했으나, 하나님은 그것으로 선을 이루시다.

본문으로 더 깊이

히브리서는 아브라함과 이삭의 이야기에 대한 영감 있는 통찰을 우리에게 제공해 줍니다. 이때 아브라함이 무슨 생각을 했고, 무엇이 아브라함으로 하여금 하나님께 순종하도록 동기를 부여했는지 알려 줍니다(히 11:17~19).

'믿음장'으로 불리는 히브리서 11장은 아브라함의 믿음을 칭찬합니다. 하나님이 아브라함을 시험하셨을 때, 그는 믿음으로 이삭을 바칠 준비가 되어 있었습니다. 그는 자기의 후손을 통해 구원의 약속이 성취될 것이라는 약속을 받았습니다. 그래서 하나님이 그의 유일한 상속자인 이삭을 제물로 바치라고 명령하셨음에도 불구하고, 오히려 구원의 약속이 성취될 것을 바라보며 명령에 순종했습니다.

아브라함은 왜 이삭을 바치려고 했을까요? 그저 단순히 믿음이 있어서가 아니라, 죽은 자를 살리시는 하나님의 능력과 죽음으로부터의 부활에 대한 믿음이 있었기 때문입니다. 그는 하나님이 사라의 '죽은' 태에서 생명을 잉태케 하셨듯이 이삭을 무덤에서 일으키실 수 있다고 믿었던 것입니다(창 17:15~19; 21:1~5).

students / p.59

하나님이 일러 주신 모리아 산에 도착한 아브라함은 제단을 쌓고 나무를 벌여 놓았습니다. 그리고 아들 이삭을 결박해 제단 나무 위에 누이고, 희생 제물로 바치기 위해 칼을 집어 들었습니다. 상상만 해도 온몸이 떨리는 순간입니다. 이때 아브라함은 무슨 생각을 했을까요?

갑자기 여호와의 사자가 하늘에서 그를 급히 불렀습니다. 그리고 아이에게 손을 대지 말라고 말했습니다. "네가 네 아들 네 독자까지도 내게 아끼지 아니하였으니 내가 이제야 네가 하나님을 경외하는 줄을 아노라"(창 22:12). 아브라함은 믿음을 시험받았고 당당히 통과했습니다. 그가 어떤 대가를 치르더라도 하나님께 기꺼이 순종할 준비가 되어 있음이 증명된 것입니다. 참된 믿음은 순종으로 이어집니다(약 2장).

아브라함이 치켜들었던 팔을 내리고 주변을 살피자 수풀에 뿔이 걸린 숫양이 보였습니다. 하나님이 제물로 삼을 양을 미리 준비해 놓으신 것입니다. 아브라함은 이삭 대신 양을 제물로 바쳤고, 그곳을 '여호와 이레'로 불렀습니다. 이는 '여호와의 산에서 준비되리라'라는 뜻입니다.

하나님이 어떤 분이신지 얼마만큼 알고 있습니까? 하나님에 대한 지식이 하나님을 신뢰하는 데 얼마나 도움이 된다고 생각합니까?

하나님이 믿음을 시험하신다고 느꼈던 적이 있을 것입니다. 하나님의 요구가 지나치다고 느낄 때도 있었을 것입니다. 그럴 때 하나님의 주권을 믿게 해 주셨던 일들을 떠올리면 마음을 다잡을 수 있습니다. 아브라함은 이미 하나님을 신뢰하고 있었지만, 이 일을 통해 그 신뢰가 옳았음을 확증했습니다. 우리는 이 이야기를 통해 하나님이 아브라함과 이삭을 위해서도 숫양을 주신 것처럼 우리를 위해 준비해 주실 것을 믿을 수 있습니다.

알짬 교리 **99**

대속 제물이신 그리스도

대속이란 '남의 죄를 대신해서 벌을 받거나 속죄하는 것'을 말합니다. 성경적 대속의 핵심은 예수 그리스도께서 죄인인 우리를 대신해 친히 십자가에 매달려 죽으신 것입니다. 이것은 구약 시대의 제사에서 비롯된 개념입니다. 구약 시대에는 인간의 죗값을 대신해 희생 제물의 피로 제사를 드렸습니다.

그리스도와의 연결

students / p.60

대속은 기독교의 핵심 주제입니다. '대속하는 어린양'이라는 주제가 성경 전체에 면면히 흐르고 있습니다. 아브라함은 하나님이 친히 어린양을 준비하실 것이라고 대답했습니다(창 22:8). 나중에 살펴보겠지만 유월절에 어린양의 피가 이스라엘 장자의 생명 대신 대속 제물로 뿌려졌습니다. 그 희생이 죽음의 사자를 그냥 지나가게 했습니다. 또 속죄일에는 성막이나 성전에서 짐승들을 대속 제물로 바쳤습니다. 이 모든 희생은 예수님이 우리를 위해 친히 제물이 되어 죽으심을 상징합니다(고전 5:7 참조). 하나님이 독생자를 세상을 위한 대속 제물로 친히 준비해 주신 것입니다.

창세기 22장에서 하나님은 이삭을 위해 숫양을 제공해 주셨습니다. 모리아 산을 오른 이삭이 갈보리 산을 오르신 예수님의 예표인 것처럼, 숫양은 우리를 대신해 희생 제물이 되신 예수님의 예표입니다. 숫양의 뿔이 걸려 있던 수풀은 장차 예수님이 쓰시게 될 가시 면류관을 상징합니다. 아브라함의 후손으로 오신 만왕의 왕께서 우리 죄를 위해 찔리실 것입니다. 창세기 22장의 아브라함 이야기와 예수님의 이야기는 여러모로 닮아 있습니다.

* 이삭은 아브라함의 약속된 '외아들'이고, 예수님은 하나님의 약속된 '독생자'이시다(요 3:16).
* 이삭과 예수님 모두 희생 제물로 예정되었다.
* 이삭이 모리아 산에서 번제단 위에 기꺼이 누웠듯이, 예수님은 갈보리 산에서 십자가 위에 기꺼이 매달리셨다.
* 이삭과 예수님 모두 희생 제물을 위한 나무를 운반했다.
* 번제할 어린양이 어디 있느냐는 아들의 질문에, 아브라함은 하나님이 친히 준비하실 것이라고 대답했다. 하나님은 궁극적으로 '독생자'를 '세상 죄를 지고 가는 하나님의 어린양'으로 준비하셨다(요 1:29). 예수님은 인류를 위한 대속 제물이시다.

YOUR STORY

5~10분

하나님이 들려주시는 이야기는 오늘을 사는 나와 늘 연결되어 있습니다. 아래 질문에 답하면서 성경 이야기가 내 이야기와 어떻게 연결되는지 생각해 봅시다.

- **하나님의 시험 앞에 섰던 아브라함처럼 우리도 그분의 시험 앞에 서게 된다면 어떻게 하겠습니까?**
  이 질문에 대한 대답은 다양할 것입니다.

- **하나님이 시험하시는 것을 느낀 적이 있습니까? 그 경험을 통해 새롭게 깨닫게 된 것이 있다면 나눠 봅시다.**
  이 질문에 대한 대답은 다양할 것입니다.

- **믿음이 어떻게 순종을 북돋울 수 있다고 생각합니까?**
  믿음은 순종과 연결됩니다. 믿음, 즉 그리스도의 죄 사함에 대한 진정한 믿음과 신뢰는 우리가 살아가는 방식에 자연스럽게 드러납니다.

- **자기가 나서서 뭔가를 하는 것보다 하나님의 준비하심을 믿고 의지하는 것이 왜 중요합니까?**
  구원에 대해서든 일상에 대해서든, 성경은 인간의 어떤 노력이나 행위도 신뢰할 만하지 않다고 전합니다. 삶의 모든 영역에서, 즉 구원 문제든 일상생활에서든 우리는 하나님이 준비해 공급하심을 구해야 합니다. 범사에 하나님이 영광받으실 수 있도록 말입니다(벧전 4:11).

하나님의 이야기
하나님이 그분의 아들
예수 그리스도를 통해
우리를 구속해 주신 이야기

우리의 이야기
우리의 이야기가
하나님의 이야기와
만나는 곳

5~10분

YOUR MISSION

생각

아브라함과 이삭의 이야기를 처음 읽는 사람은 아마 어이가 없을 것입니다. 이삭은 아브라함과 사라가 오랫동안 기다려 온 약속의 아들이자 하나님의 언약을 이어받을 상속자였습니다. 하나님은 아브라함에게 그런 이삭을 제물로 바치라고 하셨습니다. 그러나 우리는 곧 하나님이 이 사건을 통해 말씀하고자 하시는 것을 깨닫게 됩니다.

- **하나님의 명령 중에 우리의 상식에 어긋나는 것처럼 보이는 말씀은 무엇입니까? 왜 우리에게 그런 명령을 주신다고 생각합니까?**
  이런 예를 들 수 있습니다. "원수를 사랑하라"(마 5:44), "누구든지 나를 따라오려거든 자기를 부인하고 자기 십자가를 지고 나를 따를 것이니라"(마 16:24), "누구든지 제 목숨을 구원하고자 하면 잃을 것이요 누구든지 나를 위하여 제 목숨을 잃으면 찾으리라"(마 16:25). 하나님의 명령에 담긴 지혜를 학생들이 깨달을 수 있도록 도우십시오.
- **하나님이 우리를 위해 대속 제물을 준비하시는 것이 왜 중요합니까?**
  우리는 자신을 위한 대속 제물을 마련할 능력이 없기 때문입니다. 하나님의 은혜와 공급이 없다면, 사람은 하나님으로부터 영원히 분리될 것입니다.

마음

모리아 산의 아브라함은 이전의 아브라함과는 다릅니다. 왜냐하면 과거의 잘못된 결정들을 통해 하나님이 신실하신 분이며 약속한 것을 반드시 성취하시는 분이라는 것을 배웠기 때문입니다. 이삭을 제물로 바치라는 하나님의 말씀은, 곧 아브라함의 의지를 제물로 바치라는 말씀이었다고 할 수 있습니다.

- **아브라함의 순종을 보면서 어떤 도전을 받습니까?**
  이 질문에 대한 대답은 다양할 것입니다.
- **아브라함의 믿음을 보면서 어떤 도전을 받습니까?**
  이 질문에 대한 대답은 다양할 것입니다.

행동

아브라함의 믿음과 하나님에 대한 신뢰는 그의 삶의 방식과 결정에 영향을 미쳤습니다. 우리도 마찬가지입니다. 참된 믿음은 변화된 삶으로 나타납니다.

- **아브라함의 변화와 순종, 그리고 그로 인해 그가 받은 축복을 보면서 어떤 도전을 받습니까? 변화된 삶을 사는 방법은 무엇일까요?**
  이 질문에 대한 대답은 다양할 것입니다.
- **아브라함과 이삭의 이야기를 통해 예수님을 전할 수 있는 방법을 함께 생각해 봅시다.**
  예수님을 예표로 보여 주는 '아브라함과 이삭의 이야기'를 창조적으로 설명할 방법들을 생각해 낼 수 있도록 도우십시오.

다음 모임까지
창세기 38~43장을
읽어 보세요.

THE GOSPEL PROJECT

09

결점이 있어도 너를 사랑해

요 약

이 과에서 우리는 하나님이 아브라함의 후손과 함께하며 그들을 통해 세상을 축복하겠다는 약속을 새롭게 하시는 것을 보게 될 것입니다. 비록 그들이 죄에 가득 차 있으며, 은혜받을 자격이 없었지만 말입니다. 아브라함의 후손들이 싸우고 거짓말하고 서로 속이지만, 하나님은 여전히 신실하게 그분의 약속을 새롭게 하십니다. 무자격자에게도 약속을 지키실 뿐만 아니라, 주어진 사명을 수행할 때 늘 함께하시는 하나님으로 인해 살아갈 용기를 얻습니다.

성 경

창세기 25장 19~26절; 26장 1~6절

HIS STORY

20~30분

포 인 트

하나님께 사랑받을 가치가 없는 사람은 없다.

등 장 인 물

@삼위일체 하나님(성부, 성자, 성령)

@이삭(약속의 아들로 하나님이 그를 극심한 고통 가운데서 사용하심)

메시지 좌표

지금까지 우리는 하나님이 아브라함을 택하여 구원 계획을 이루어 가시는 것을 보았습니다. 그런데 그의 후손이 하나님께 신실하지 못하다면 어떤 일이 벌어질까요? 하나님은 구원 계획을 어떻게 이루어 가실까요?

이 과에서는 아브라함의 후손이 사악해 사랑받을 자격이 없는데도 하나님이 그들과 함께하시며 그들을 통해 세상을 축복하겠다는 약속을 계속 이루어 가시는 것을 볼 수 있습니다. 아브라함의 후손들은 서로 싸우고 거짓말하고 속이지만, 신실하신 하나님은 여전히 약속을 거듭 새롭게 하십니다.

하나님은 자격이 없는 사람일지라도 그와의 약속을 그분의 방식대로 지키십니다. 또 우리가 하나님의 사명을 이루어 갈 때 언제나 함께하십니다. 이것은 많은 허물이 있는 사람일지라도 하나님 품에 안길 수 있다는 것을 말해 줍니다.

도 입

5~10분

종이를 나눠 주고 그것을 반으로 접게 한 후 한쪽 칸에는 신뢰하는 사람의 이름과 그 이유를, 다른 칸에는 신뢰하지 않는 사람의 이름과 그 이유를 구체적으로 쓰게 하십시오. 과거가 현재의 신뢰도에 어떤 영향을 미치는지에 관해 토론하기 위해 이름을 밝히지 말고 종이에 쓴 것을 이야기하도록 합니다. 과거에 신뢰할 만하지 않았던 사람은 지금도 여간해선 믿지 못한다는 것을 알 수 있습니다. 하나님을 신뢰할 수 있는지 아닌지 결정하기 전에, 하나님이 과거에 어떻게 역사하셨는지 돌아보는 것이 중요하다고 강조하세요. 성경 이야기나 다른 사람의 인생 이야기에서 하나님의 신실하심을 보여 주는 예를 들게 하십시오.

그다음에는 자원하는 학생에게 하나님이 하시지 않는 것들을 예로 들어 보라고 하십시오. 가령 '실수하지 않으신다', '거짓말하지 않으신다', '용서를 구하지 않으신다', '약속을 잊지 않으신다' 등이 있습니다. 두 목록을 모두 살펴보며 하나님의 신뢰도에 관해 토론하십시오.

▸ 하나님은 그분의 신실하심을 어떻게 증명하십니까? 자신의 경험을 나눠 보세요.

도입 선택

다음 이야기를 들려주고, 아래 질문에 관해 토론하게 하십시오.

"윌리 웡카와 초콜릿 공장"이라는 영화가 있습니다. 괴짜 공장장 윌리 웡카를 돕는 유쾌한 난쟁이 움파룸파족은 공장에 견학 온 아이들이 규칙을 어기거나 말썽을 부려 소각로로 빨려 들어갈 때마다 등장해서 춤추며 노래를 부릅니다. 해야 할 일과 하지 말아야 할 일, 부모님 말씀을 잘 들어야 한다거나 먹을 것에 욕심부리지 말라는 등 '이렇게 살면 행복해질 거야'라는 메시지를 들려줍니다. 때로 우리는 구약의 메시지를 움파룸파족의 노래처럼 듣는 것 같습니다. "행복하려면 '좋은 사람'을 본받고, '나쁜 사람'의 행동을 피하라!" 사실 구약의 메시지는 그게 아닌데 말입니다. 구약에서는 하나님과 동행하는 신실한 사람들이 고난당하는 모습뿐 아니라, 하나님의 축복을 받을 만한 가치가 없어 보이는 사람들이 번창하는 모습을 보여 줍니다. 구약이 전하는 메시지의 중심은 '좋은 사람'이 아닌 '하나님'께 있습니다. 하나님은 사람들이 죄악에 빠지고 주님의 사랑을 받을 만한 자격이 없을지라도 함께하며 축복하겠다는 약속을 지키시는 은혜로우신 분입니다.

• *받을 자격이 없고 기대도 하지 않았는데 좋은 것을 받았던 적이 있습니까?*

하나님의 방식대로 GO!

students / p.64

우리가 공부하고 있는 창세기는 성경의 첫 번째 책입니다. 창세기는 "이것이 …의 내력(계보/족보)이니라"와 같은 문구로 내용이 전환되곤 합니다(창 2:4; 5:1; 6:9; 10:1; 11:10, 27; 25:12; 36:1, 9; 37:2 참조). 창세기 25장 19절도 "아브라함의 아들 이삭의 족보는 이러하니라"를 통해, 이삭과 쌍둥이 아들 이야기로 내용 전환이 이뤄질 것을 알려 줍니다.

[19]아브라함의 아들 이삭의 족보는 이러하니라 아브라함이 이삭을 낳았고 [20]이삭은 사십
세에 리브가를 맞이하여 아내를 삼았으니 리브가는 밧단 아람의 아람 족속 중 브두엘의
딸이요 아람 족속 중 라반의 누이였더라 [21]이삭이 그의 아내가 임신하지 못하므로 그를
위하여 여호와께 간구하매 여호와께서 그의 간구를 들으셨으므로 그의 아내 리브가가
임신하였더니 [22]그 아들들이 그의 태 속에서 서로 싸우는지라 그가 이르되 이럴 경우에
는 내가 어찌할꼬 하고 가서 여호와께 묻자온대 [23]여호와께서 그에게 이르시되 두 국민이
네 태중에 있구나 두 민족이 네 복중에서부터 나누이리라 이 족속이 저 족속보다 강하겠

연 대 표

아브라함의 상속자가 약속을 받다
ABRAHAM'S HEIRS RECEIVE THE PROMISE
하나님이 주신 언약이 아브라함의 후손에게 계승되다.

야곱과 에서
JACOB AND ESAU
가족 간의 불화 문제가 장자의 축복에 대한 부모와 아들 사이의 갈등으로 불거지다.

야곱이 하나님과 씨름하다
JACOB WRESTLES WITH GOD
속이는 자였던 야곱이 하나님과 만나 깨어진 후 영원히 변화되다.

요셉의 역경
JOSEPH'S HARDSHIPS
요셉의 고난과 하나님의 자비

많은 사람의 구원
THE SALVATION OF MANY
요셉이 악한 일을 당했으나, 하나님은 그것으로 선을 이루시다.

모세가 하나님과 말하다
MOSES SPEAKS TO GOD
하나님이 자신을 모세에게 계시하시고 구원을 약속하시다.

고 큰 자가 어린 자를 섬기리라 하셨더라 24그 해산 기한이 찬즉 태에 쌍둥이가 있었는데
25먼저 나온 자는 붉고 전신이 털옷 같아서 이름을 에서라 하였고 26후에 나온 아우는 손
으로 에서의 발꿈치를 잡았으므로 그 이름을 야곱이라 하였으며 리브가가 그들을 낳을
때에 이삭이 육십 세였더라(창 25:19~26).

students / p. 64

우리는 이삭이 약속의 아들로서 하나님이 아브라함에게 주신 땅, 후손, 축복의 약속들을 이어 갈 상속자라는 것을 알고 있습니다. 그러나 이러한 약속들을 위해 먼저 해결해야 할 문제가 있었습니다. 아브라함의 아내 사라처럼, 이삭의 아내 리브가도 오랫동안 아기를 갖지 못했기 때문입니다.

리브가의 불임은 그의 가족에게만 비극이 아니라 온 우주적 비극이었습니다. 그 이유는 죄로 인한 저주를 없애고 사탄을 패배시키는 구원 계획이 아브라함의 후손을 통해 이루어질 것이라고 하나님이 약속하셨기 때문입니다(창 3:15). 그뿐 아니라 아브라함의 후손을 통해 땅의 모든 족속이 축복을 얻을 것이기 때문입니다(창 12:1~3). 리브가의 불임은 이 모든 약속을 곤경에 빠뜨렸습니다.

students / p. 64

이삭이 아내를 위해 기도하자 하나님이 그의 기도를 들어주셨습니다. 리브가가 기적적으로 임신한 것입니다. 하나님이 일을 이루어 가시는 방식을 간파했나요? 하나님은 가능성이 희박한 일일지라도 그것을 이루시며 약속을 지키십니다. 그리고 그 과정에서 하나님을 신뢰하라고 요구하십니다.

리브가가 쌍둥이를 임신했는데, 태에서부터 싸움이 끊이질 않았습니다. 당황한 리브가가 기도하며 묻자, 하나님이 대답해 주셨습니다. "두 국민이 네 태중에 있구나 두 민족이 네 복중에서부터 나누이리라 이 족속이 저 족속보다 강하겠고 큰 자가 어린 자를 섬기리라"(창 25:23).

하나님은 창세기 3장 15절에서 여자의 후손과 뱀의 후손 사이의 전쟁에서 승리할 것이라고 말씀하셨습니다. 이 선언이 창세기에서 전개되고 실현되었으며, 장차 에서의 후손인 에돔과 야곱의 후손인 이스라엘이 전쟁을 벌이게 될 것입니다.

그러나 결국 하나님의 구원과 축복이 세상에 임할 것입니다. 이것이 이루어지는 방법이 얼마나 특별한지 모릅니다. 고대에는 유산을 장자에게만 주었는

데, 하나님은 동생에게 유산을 약속하셨습니다. 장자 에서 대신 동생 야곱이 언약을 상속받을 것입니다.

알짬 교리 **99**

진실하신 하나님

성경은 하나님께 거짓이 없다고 분명히 말합니다(딛 1:2; 히 6:18). 하나님은 모든 것을 있는 그대로 보여 주시는 분입니다. 그분의 모든 말씀을 신뢰할 수 있는 이유는 하나님이 직접 자신이 말하는 모든 것이 진리라고 보장하시기 때문입니다. 인간에게 정직하게 살며, 거짓 증언을 하지 말라고 명령하시는 것도 하나님이 진실하시기 때문입니다. 진실을 말하는 것은 "길이요 진리요 생명"(요 14:6)이신 예수님의 형상을 드러내는 중요한 방법입니다.

아무리 못났어도 상관없어

students / p.65

하나님은 특이한 방식으로 언약을 지켜 나가십니다. 하나님의 백성은 약속받을 자격이 없는 자들임을 스스로 드러냈습니다. 그들은 서로 편을 가르고 거짓말을 일삼고 사기 행각을 벌이기까지 했습니다. 그런데도 하나님은 계속해서 은혜를 베풀어 주십니다.

죄인들에 대한 하나님의 은혜가 가장 분명하게 나타나는 것은 예수님의 십자가입니다. 그러나 이것이 역사에 나타난 첫 번째 사건은 아닙니다. 성경 전체에서 우리는 자격 없는 사람들이 하나님께 사랑과 은혜를 값없이 받았던 것을 볼 수 있습니다. 창세기 26장에서도 이러한 모습이 발견됩니다. 하나님은 아브라함과 맺었던 언약을 그의 아들 이삭과 재확인하십니다.

> [1]아브라함 때에 첫 흉년이 들었더니 그 땅에 또 흉년이 들매 이삭이 그랄로 가서 블레셋 왕 아비멜렉에게 이르렀더니 [2]여호와께서 이삭에게 나타나 이르시되 애굽으로 내려가지 말고 내가 네게 지시하는 땅에 거주하라 [3]이 땅에 거류하면 내가 너와 함께 있어 네게 복을 주고 내가 이 모든 땅을 너와 네 자손에게 주리라 내가 네 아버지 아브라함에게 맹세한 것을 이루어(창 26:1~3).

연 대 표

아브라함의 상속자가 약속을 받다
ABRAHAM'S HEIRS RECEIVE THE PROMISE
하나님이 주신 언약이 아브라함의 후손에게 계승되다.

야곱과 에서
JACOB AND ESAU
가족 간의 불화 문제가 장자의 축복에 대한 부모와 아들 사이의 갈등으로 불거지다.

야곱이 하나님과 씨름하다
JACOB WRESTLES WITH GOD
속이는 자였던 야곱이 하나님과 만나 깨어진 후 영원히 변화되다.

요셉의 역경
JOSEPH'S HARDSHIPS
요셉의 고난과 하나님의 자비

많은 사람의 구원
THE SALVATION OF MANY
요셉이 악한 일을 당했으나, 하나님은 그것으로 선을 이루시다.

모세가 하나님과 말하다
MOSES SPEAKS TO GOD
하나님이 자신을 모세에게 계시하시고 구속을 약속하시다.

students / p. 65

아브라함 때 이런 일이 있었습니다(창 20장). 가나안 땅에 기근이 닥치자 애굽으로 내려간 아브라함은 죽임당할 것이 두려워 거짓말을 했다가 그곳 왕 바로에게 아내 사라를 빼앗길 뻔했습니다. 그 일로 하나님이 큰 재앙을 내리시자, 바로는 아브라함에게 많은 돈을 주었습니다. 이것은 훗날 있을 출애굽을 상징합니다. 이처럼 하나님의 백성이 기근 같은 어려운 상황에 놓일 때마다, 하나님은 그들을 구하여 땅과 후손과 축복에 대한 약속을 지켜나가십니다.

이삭이 겪은 기근 사건은 하나님이 힘든 상황 속에서도 그분의 약속들을 계속해서 지켜 나가심을 보여 줍니다. 하나님이 이삭에게 애굽으로 가지 말고, 블레셋 지역의 그랄에 머물라고 하셨습니다. 그의 아버지처럼, 그리고 그의 후손들처럼, 이삭도 약속의 땅 바깥에서 이방인들과 잠시 살았습니다. 그의 아버지처럼 그도 블레셋 왕 아비멜렉과 함께 시간을 보냈습니다(창 20장 참조).

굶주림과 같은 혹독한 상황이나, 이삭과 그의 후손들의 자격 없음은 우리로 하여금 하나님이 과연 약속을 계속 지켜 나가실지 의문을 품게 합니다. 인간의 불순종이나 자연재해는 하나님의 계획을 훼방 놓을 수 있을까요?

땅, 후손, 축복에 대한 약속들이 다시 한 번 위기에 처했지만, 하나님은 이 기회를 사용해 이삭에게 약속을 재천명하셨습니다. 하나님이 이삭에게 그랄 땅에 외국인으로 남아 있으라고 하셨고, 이삭과 함께하며 축복하겠다고 약속하셨습니다. 그다음에는 그 땅 이방인의 영토마저 이삭과 그의 후손에게 주겠다고 약속하셨습니다. 하나님은 이삭의 후손이 하늘의 뭇별처럼 많을 것이라고 다시 약속하시며, 그의 후손이 땅의 모든 나라를 축복할 것이라는 예언을 주셨습니다.

하나님은 왜 그렇게 하셨을까요? 이삭의 아버지 아브라함이 하나님께 순종했기 때문입니다. 하나님이 아브라함의 순종을 언급하신 것이 흥미롭습니다. 아브라함이 처음부터 순종한 것은 아니기 때문이지요. 그는 자기 뜻대로 문제를 해결하려고 했고, 하나님을 신뢰하지 않기도 했습니다. 기억하세요? 그는 한때 종 엘리에셀을 상속자로 삼으려 했고, 하갈에게서 이스마엘을 아들로 얻기도 했습니다.

그러나 아브라함의 자격 없음에도 불구하고, 은혜로우신 하나님은 그에게 하신 약속들을 지키셨습니다. 그래서 결국 하나님의 은혜로 아브라함이 변화되었습니다. 믿음과 순종의 사람이 되어, 약속의 자녀를 하나님께 기꺼이 바칠 수 있는 정도에까지 이른 것입니다.

students / p.65

그 후 아브라함 때처럼 또다시 기근이 찾아왔습니다(창 26장). 이삭과 리브가는 블레셋 왕 아비멜렉이 있는 그랄로 갔습니다. 아브라함처럼 이삭도 리브가를 누이로 둘러댔습니다. 그곳 사람들이 그를 죽이고 아름다운 리브가를 데려갈까 봐 두려웠기 때문입니다. 그가 이처럼 비겁하게 굴었는데도, 하나님은 그에게 복을 주어 큰 부자가 되게 하셨습니다. 블레셋 사람들이 그가 떠나기를 바랄 정도였습니다. 사람들의 시기를 피해 결국 브엘세바까지 올라간 그는 거기서 하나님의 약속을 다시 받았습니다. 하나님은 자격이 없는 이삭에게 계속해서 은혜를 베푸셨습니다.

어려움을 겪었을 때 하나님이 함께하셨던 기억이 있습니까? 그 기억이 어려움 앞에 서게 될 때 내게 어떤 도움을 줍니까?

그리스도와의 연결

students / p.66

하나님은 오랫동안 아이를 갖지 못한 아브라함과 사라에게 약속의 아들 이삭을 주셨습니다. 마찬가지로 에서와 야곱도 이삭의 기도 응답으로 어렵게 태어났습니다. 하나님은 불임이던 한나가 기적적으로 사무엘 선지자를 낳게 하셨습니다. 마노아의 아내도 불임이었지만 삼손을 낳았고, 하나님은 그를 사용하셨습니다. 가장 극적인 것은, 동정녀 마리아를 통해 구원자가 태어나게 하신 것입니다. 도저히 불가능한 출산을 통해 언약의 절정을 이루셨지요.

하나님은 예수님을 통해 우리에게 많은 것을 은혜로 내려 주셨습니다. 죄 사함, 구원, 양자 됨, 영생, 하나님 나라의 유업 등 많은 것을 의문의 여지 없이 거저 주셨습니다. 그러나 예수 그리스도의 복음이 우리에게 준 것 중에 가장 영광스러운 것은 바로 하나님 자신입니다.

하나님이자 사람이신 예수 그리스도께서 우리를 위해 십자가에서 죽으시고 살아나심으로써 우리를 죄의 저주로부터 해방시켜 주셨습니다. 우리는 예수님과 함께 영원히 살 것입니다. 하나님이 아브라함과 이삭과 야곱에게 주신 약속은, 예수 그리스도 안에서 우리를 위해 성취하신 바로 그 약속입니다. 하나님은 자신을 내어 주어서라도 약속을 신실하게 지키시는 분입니다.

YOUR STORY

5~10분

하나님이 들려주시는 이야기는 오늘을 사는 나와 늘 연결되어 있습니다. 아래 질문에 답하면서 성경 이야기가 내 이야기와 어떻게 연결되는지 생각해 봅시다.

▸ **지금까지 살아오면서 하나님이 약속을 지키시는 것을 느낀 적이 있나요? 어떤 식으로 약속을 이루어 가셨나요?**
이 질문에 대한 대답은 다양할 것입니다.

▸ **하나님의 약속을 의심한 적이 있다면 어떤 상황 때문이었나요?**
힘들었던 과거, 관계의 깨어짐, 학대 등을 예로 들 수 있을 것입니다.

▸ **어려운 상황에 부딪혔을 때, 어떻게 해야 의심을 이기고 하나님의 약속을 끝까지 신뢰할 수 있을까요?**
'성경에 있는 하나님의 약속들을 되새기기(성경 읽기, 성경 암송, 기도 등을 포함)', '하나님의 신실하신 성품을 기억하기(약속을 지키시지 않은 적이 없음)' 등을 예로 들 수 있을 것입니다.

▸ **이삭의 이야기가 우리에게 주는 도전은 무엇인가요?**
이 질문에 대한 대답은 다양할 것입니다.

하나님의 이야기
하나님이 그분의 아들
예수 그리스도를 통해
우리를 구속해 주신 이야기

우리의 이야기
우리의 이야기가
하나님의 이야기와
만나는 곳

5~10분

YOUR MISSION

생각

하나님은 구원 약속을 이루어 가십니다. 우리가 사명대로 살지 못해도 약속을 저버리지 않으시는 분입니다. 그럼에도 우리는 하나님이 화나셨고 우리가 그분의 기준에 못 미치니 축복받을 자격이 없다고 믿어 버립니다. 그러나 그렇지 않습니다. 착한 일을 해야만 사랑받을 수 있다는 것은 잘못된 생각입니다.

- **우리가 잘못할 때마다 하나님이 못마땅해하실 것이라고 생각합니까?**
  그렇게 생각하는 이유는 행위 중심적으로 생각하기 때문입니다. 우리는 내가 이렇게 하면 하나님이 저렇게 하실 것이라는 식으로 생각합니다. 하나님을 심판자로만 보며, 사랑하는 자녀를 훈육하는 사랑의 아버지로는 보지 않는 것입니다.
- **잘못된 생각을 바꾸는 것이 왜 중요합니까?**
  이 질문에 대한 대답은 다양할 것입니다.

마음

자격이나 공로가 없어도 하나님의 은혜와 사랑과 자비를 거저 받는다는 사실을 기억하세요. 우리는 그렇게 큰 은혜와 사랑을 받을 만한 일을 한 적이 없습니다. 사실 성경은 우리가 하나님을 사랑하는 것은 오직 하나님이 먼저 우리를 사랑하셨기 때문이라고 말합니다. 또한 하나님의 인자하심이 우리를 회개로 이끈다고 말합니다.

- **어떻게 해야 창세기에서 본 하나님의 약속을 믿으며 살 수 있습니까?**
  이 질문에 대한 대답은 다양할 것입니다.
- **하나님은 우리가 그분을 더 깊이 신뢰하도록 이끄시는 분임을 믿습니까?**
  이 질문에 대한 대답은 다양할 것입니다.

행동

하나님은 거만한 자를 비웃으시고 겸손한 자에게 은혜를 베푸시는 분입니다(잠 3:34; 약 4:6 참조). 그리스도인에게 교만이나 자랑이 들어설 자리는 없습니다. 다만 예수 그리스도를 닮아 가기를 갈망하며 사람들의 심령 속에 하나님 나라를 확장하고자 할 뿐입니다.

- **스스로 그리스도의 사랑을 다른 사람들에게 나눠 줄 자격이 있다고 생각하나요? 아니라면 무엇 때문인가요?**
  이 질문에 대한 대답은 다양할 것입니다.
- **하나님은 부족하고 자격 없는 사람을 사용해 자신의 계획을 이루어 가십니다. 이 사실을 깨달은 사람에게 여전히 자격 없음에 대한 두려움이 있을까요?**
  이 질문에 대한 대답은 다양할 것입니다.

다음 모임까지
창세기 44~50장을
읽어 보세요.

10

그 복은 내 거야

요 약

이 과에서 우리는 이삭 가정의 문제, 야곱의 속임수, 에서의 낙심에도 불구하고 하나님이 이들 가정의 후손이신 나사렛 예수를 통해 모든 족속으로부터 한 민족을 구속해 내시려는 계획에 헌신하시는 것을 보게 될 것입니다. 자격 없는 사람들에게도 자비를 베푸시는 하나님이 우리가 자신의 결점이나 가정의 문제와 씨름할 때 어떻게 은혜를 드러내시는지에 주목해서 봅시다.

성 경

창세기 27장 1~40절; 28장 10~22절

HIS STORY

20~30분

포 인 트

하나님은 모든 삶을 주관하실 뿐 아니라 때로는 우리의 문제를 통해 하나님의 계획을 이루신다.

등 장 인 물

@삼위일체 하나님(성부, 성자, 성령)
@에서와 야곱(이삭과 리브가의 쌍둥이 아들)

메시지 좌표

때로 하나님의 계획이 별로 순조로워 보이지 않거나 매끄럽게 진행되지 않는 듯 보여도, 하나님은 과정 내내 늘 신실하게 언약에 헌신하십니다. 지난 과에서 우리는 이 진리를 살펴보았습니다. 하나님은 아브라함과 맺은 언약을 이삭과 야곱에게도 재차 확인해 주셨습니다. 그들이 변변찮게 사는데도 말입니다.

이 과에서는 이삭의 역기능적 가정, 야곱의 속임수, 에서의 낙심에도 불구하고 하나님이 이들 집안의 후손으로 태어나실 나사렛 예수를 통해 온 열방을 구원할 계획에 헌신하시는 것을 볼 것입니다. 여기서 특히 눈여겨볼 부분이 있어요. 무자격자들에게 자비를 베풀기를 즐겨하시는 하나님이 과연 우리가 문제 가정에서 씨름하는 중에도 은혜를 베풀어 주실까요? 주님이 어떻게 하시는지 잘 살펴보세요.

도 입

5~10분

학생들에게 바람을 넣지 않은 풍선을 보여 주며 '갈등이란 풍선과 같다'라고 말합니다. 가족 갈등의 원인을 말해 보라고 한 후, 하나씩 이야기할 때마다 풍선을 불어서 갈등이 커져 가는 것을 보게 하십시오. 주기적으로 멈춰서 갈등이 시작되고 심화되는 유형을 말하게 하십시오. 이 과정을 이어 가며 마침내 풍선이 터지면, 풍선이 커질수록 언제 터질지 몰라 몸을 움츠린 사실을 지적하십시오. 이처럼 갈등을 풀지 않으면 반드시 문제가 생긴다는 것을 알려 주세요. 이 과에서 우리는 이삭의 아들 사이의 갈등이 가족에게 어떤 고통을 주었는지 보게 될 것입니다. 하나님이 완벽한 가정에만 사랑과 은혜를 베푸시는 것은 아니라는 사실이 위안이 됩니다. 우리는 이삭의 가족 이야기에서 이 진리를 발견할 것입니다. 하나님은 문제 가정이라도 얼마든지 사용하실 수 있고, 또 실제로 그들을 통해 하나님의 계획을 이루어 가십니다.

죄가 비비 틀어도 은혜는 직진!

'옛날'을 그리워하는 사람들이 있습니다. 그들은 가족을 소중히 여기던 '좋았던 시절'이 있다고 말합니다. 그러면서 각종 미디어에서 전해지는 소식들에 대해 염려합니다. 그러나 사실 에덴동산 이후로 '좋았던 시절'이란 없습니다. 가정은 늘 문제로 가득했고 갈등이 끊이지 않아 왔습니다. 죄성 때문에 늘 서로를 탓하지요.

어떤 가정도 완전하지 않습니다. 사연 없는 가정이 없습니다. 그러나 좋은 소식이 있습니다. 하나님이 완벽한 가정에만 관심과 사랑과 은혜를 베푸시는 것은 아니라는 사실입니다. 하나님은 깨진 가정에도 자비를 베푸십니다. 우리는 이삭의 가정에서 이 진리가 나타나는 것을 보게 됩니다. 하나님은 문제 가정을 사용하실 수 있고, 또 실제로 사용하셔서 하나님의 계획을 이루어 가십니다.

students / p. 70

이삭과 리브가의 가족 이야기를 살펴봅시다. 이삭과 리브가의 쌍둥이 아들인 에서와 야곱은 태중에서부터 다투었습니다. 하나님은 리브가에게 형이 동생을 섬기게 될 것이라고 말씀해 주셨습니다. 고대 문화에서는 장자가 아버지의 유산을 물려받고, 동생이 장자를 섬기는 것이 당연했습니다. 그러나 에서는 팥죽 한 그릇에 장자권을 팔아 버렸습니다. 에덴동산에서 아담과 하와가 그랬던 것처럼 에서도 먹는 것에 혹했던 것입니다.

도입 선택

다음 이야기를 들려주고, 아래 질문에 관해 토론하게 하십시오.

스테인드글라스가 아름답게 빛나는 교회가 있습니다. 성경의 유명한 장면들이 창문마다 담겨 있죠. 그런데 가까이 다가갈수록 장면들은 멀어지고, 화려한 유리 조각들만 보여서 한 편의 콜라주 추상화 같습니다. 하지만 멀찍이 물러나면 정교하게 디자인된 성경 이야기를 볼 수 있습니다.
하나님의 디자인도 그렇습니다. 구원의 역사가 세세한 일상에서는 엉망으로 보일 수 있습니다. 서로 들어맞지도 않거니와 하나씩 봐도 의미 없는 조각처럼 보일 것입니다. 그러나 우리 삶을 통째로 돌아보면 큰 그림이 보입니다. 하나님이 어떻게 역사해 오셨는지 그 이야기가 보이는 것입니다.
가족의 질병, 학교에서의 문제, 갑작스러운 전학 등 계획에 없던 일이 들이닥칠 때가 있습니다. 그러나 얼마 후에 뒤돌아보면 하나님이 그 순간들조차 사용해 원하시는 때에, 원하시는 자리에 우리를 인도하신 것을 깨닫게 됩니다. 하나님의 계획이 우리의 온갖 술책보다 낫습니다.

- *어떤 사건 때문에 망했구나 하고 절망했던 때가 있습니까? 지금 돌아보면, 하나님이 그때도 역사하고 계셨음을 알 수 있나요? 어떻게 역사하셨나요?*

연 대 표

야곱과 에서
JACOB AND ESAU
가족 간의 불화 문제가 장자의 축복에 대한 부모와 아들 사이의 갈등으로 불거지다.

야곱이 하나님과 씨름하다
JACOB WRESTLES WITH GOD
속이는 자였던 야곱이 하나님과 만나 깨어진 후 영원히 변화되다.

요셉의 역경
JOSEPH'S HARDSHIPS
요셉의 고난과 하나님의 자비

많은 사람의 구원
THE SALVATION OF MANY
요셉이 악한 일을 당했으나, 하나님은 그것으로 선을 이루시다.

모세가 하나님과 말하다
MOSES SPEAKS TO GOD
하나님이 자신을 모세에게 계시하시고 구원을 약속하시다.

하나님의 영광이 드러나다
GOD'S GLORY IS REVEALED
하나님이 모든 열방 가운데 자기 영광을 나타내시다.

그는 장자권을 팔았을 뿐만 아니라 헷 족속 아내들을 맞이하기까지 했습니다. 하나님을 믿지 않는 다른 민족 여자들과 결혼해서 부모를 근심시켰습니다(창 26:34~35). 하나님은 하와에게 여자의 후손이 뱀의 머리를 부술 것이라는 약속을 주셨습니다(창 3장). 또 아브라함에게는 그의 후손이 땅의 모든 민족에게 구원을 줄 것이라고 약속하셨습니다. 이제 이 약속은 형 에서가 아닌 동생 야곱을 통해 이루어질 것입니다.

우리는 창세기 27장에서 두 형제의 마지막 결전을 봅니다. 비록 이삭과 그의 가족이 죄에 가득 찬 문제 가정으로서 서로가 서로를 교묘히 이용함에도 불구하고, 하나님은 그분의 약속을 변함없는 은혜로 지켜 가십니다.

1이삭이 나이가 많아 눈이 어두워 잘 보지 못하더니 맏아들 에서를 불러 이르되 내 아들
아 하매 그가 이르되 내가 여기 있나이다 하니 2이삭이 이르되 내가 이제 늙어 어느 날 죽
을는지 알지 못하니 3그런즉 네 기구 곧 화살통과 활을 가지고 들에 가서 나를 위하여 사
냥하여 4내가 즐기는 별미를 만들어 내게로 가져와서 먹게 하여 내가 죽기 전에 내 마음
껏 네게 축복하게 하라 5이삭이 그의 아들 에서에게 말할 때에 리브가가 들었더니 에서가
사냥하여 오려고 들로 나가매 6리브가가 그의 아들 야곱에게 말하여 이르되 네 아버지
가 네 형 에서에게 말씀하시는 것을 내가 들으니 이르시기를 7나를 위하여 사냥하여 가져
다가 별미를 만들어 내가 먹게 하여 죽기 전에 여호와 앞에서 네게 축복하게 하라 하셨으
니 8그런즉 내 아들아 내 말을 따라 내가 네게 명하는 대로 9염소 떼에 가서 거기서 좋은
염소 새끼 두 마리를 내게로 가져오면 내가 그것으로 네 아버지를 위하여 그가 즐기시는
별미를 만들리니 10네가 그것을 네 아버지께 가져다 드려서 그가 죽기 전에 네게 축복하
기 위하여 잡수시게 하라 11야곱이 그 어머니 리브가에게 이르되 내 형 에서는 털이 많은
사람이요 나는 매끈매끈한 사람인즉 12아버지께서 나를 만지실진대 내가 아버지의 눈에
속이는 자로 보일지라 복은 고사하고 저주를 받을까 하나이다 13어머니가 그에게 이르되
내 아들아 너의 저주는 내게로 돌리리니 내 말만 따르고 가서 가져오라 14그가 가서 끌어
다가 어머니에게로 가져왔더니 그의 어머니가 그의 아버지가 즐기는 별미를 만들었더라
15리브가가 집 안 자기에게 있는 그의 맏아들 에서의 좋은 의복을 가져다가 그의 작은 아
들 야곱에게 입히고 16또 염소 새끼의 가죽을 그의 손과 목의 매끈매끈한 곳에 입히고
17자기가 만든 별미와 떡을 자기 아들 야곱의 손에 주니(창 27:1~17).

죽음을 앞둔 이삭은 하나님이 주신 땅, 후손, 축복에 대한 약속을 에서에

게 물려주려 합니다. 성경은 이삭이 에서가 사냥해 온 고기를 좋아했다고 합니다(창 25:28). 이삭은 여호와 앞에서 축복하려고 에서에게 사냥한 고기로 식사를 준비하라고 지시합니다. 여기서 이 가정의 문제가 드러납니다. 바로 '편애'입니다. 이삭은 에서를, 리브가는 야곱을 좋아했습니다. 이삭과 에서의 대화를 엿들은 리브가는 에서 대신 야곱이 축복을 받도록 음모를 꾸몄습니다. 야곱은 염소를 잡았고, 리브가가 그 고기로 이삭이 좋아하는 요리를 만들었습니다. 야곱에게 에서의 옷을 입히고, 염소 가죽을 붙여서 털이 많은 것처럼 꾸몄습니다.

창세기는 아브라함과 그의 후손의 이야기를 가차 없이 묘사합니다. 우리는 그들이 거짓말하고, 음모를 꾸며 남을 이용하는 것을 봅니다. 아브라함과 이삭 모두 아내를 자매로 속여 자기의 안위를 구했습니다(창 12:11~13; 26:7). 그러나 하나님은 여전히 은혜로우셨습니다. 하나님은 약속을 지키셨습니다. 하나님의 구원 계획은 인간의 죄나 권모술수로 저지되지 않습니다.

사기꾼이어도 괜찮아!

18야곱이 아버지에게 나아가서 내 아버지여 하고 부르니 이르되 내가 여기 있노라 내 아
들아 네가 누구냐 19야곱이 아버지에게 대답하되 나는 아버지의 맏아들 에서로소이다
아버지께서 내게 명하신 대로 내가 하였사오니 원하건대 일어나 앉아서 내가 사냥한 고
기를 잡수시고 아버지 마음껏 내게 축복하소서 20이삭이 그의 아들에게 이르되 내 아
들아 네가 어떻게 이같이 속히 잡았느냐 그가 이르되 아버지의 하나님 여호와께서 나
로 순조롭게 만나게 하셨음이니이다 21이삭이 야곱에게 이르되 내 아들아 가까이 오라
네가 과연 내 아들 에서인지 아닌지 내가 너를 만져보려 하노라 22야곱이 그 아버지 이
삭에게 가까이 가니 이삭이 만지며 이르되 음성은 야곱의 음성이나 손은 에서의 손이로
다 하며 23그의 손이 형 에서의 손과 같이 털이 있으므로 분별하지 못하고 축복하였더라
24이삭이 이르되 네가 참 내 아들 에서냐 그가 대답하되 그러하니이다 25이삭이 이르되
내게로 가져오라 내 아들이 사냥한 고기를 먹고 내 마음껏 네게 축복하리라 야곱이 그에
게로 가져가매 그가 먹고 또 포도주를 가져가매 그가 마시고 26그의 아버지 이삭이 그에
게 이르되 내 아들아 가까이 와서 내게 입맞추라 27그가 가까이 가서 그에게 입맞추니 아
버지가 그의 옷의 향취를 맡고 그에게 축복하여 이르되 내 아들의 향취는 여호와께서 복
주신 밭의 향취로다 28하나님은 하늘의 이슬과 땅의 기름짐이며 풍성한 곡식과 포도주

연대표

야곱과 에서
JACOB AND ESAU
가족 간의 불화 문제가 장자의 축복에 대한 부모와 아들 사이의 갈등으로 불거지다.

야곱이 하나님과 씨름하다
JACOB WRESTLES WITH GOD
속이는 자였던 야곱이 하나님과 만나 깨어진 후 영원히 변화되다.

요셉의 역경
JOSEPH'S HARDSHIPS
요셉의 고난과 하나님의 자비

많은 사람의 구원
THE SALVATION OF MANY
요셉이 악한 일을 당했으나, 하나님은 그것으로 선을 이루시다.

모세가 하나님과 말하다
MOSES SPEAKS TO GOD
하나님이 자신을 모세에게 계시하시고 구속을 약속하시다.

하나님의 영광이 드러나다
GOD'S GLORY IS REVEALED
하나님이 모든 열방 가운데 자기 영광을 나타내시다.

를 네게 주시기를 원하노라 29만민이 너를 섬기고 열국이 네게 굴복하리니 네가 형제들
의 주가 되고 네 어머니의 아들들이 네게 굴복하며 너를 저주하는 자는 저주를 받고 너를
축복하는 자는 복을 받기를 원하노라(창 27:18~29).

야곱은 이삭이 자신을 에서로 착각하도록 속였습니다. 이삭은 에서가 어떻게 그렇게 빨리 돌아올 수 있었는지 물었습니다. 야곱은 하나님이 축복해 주신 덕분이라고 대답했습니다. 그래도 확신이 들지 않은 이삭은 아들을 가까이 오게 해 만져 보고 냄새까지 확인하고 나서야 그를 축복해 주었습니다.

• students / p.71

야곱은 자기가 원하는 것을 얻기 위해 모략을 꾸미고 남을 속였습니다. 사실 아버지께 진실을 말할 기회가 많이 있었지만, 축복받고 싶은 욕심에 눈이 멀어서 계속 거짓말을 했습니다.

원하는 것을 얻기 위해 거짓말을 한 적이 있습니까? 그 결과는 어땠습니까?

우리도 야곱과 별반 다르지 않습니다. 뭔가 원하는 것이 있기 때문에 거짓을 말합니다. 다른 사람들이 자기 뜻대로 생각해 주길 바라며 진실을 왜곡하기도 합니다.

야곱은 열방을 비추는 빛으로 부름받은 이스라엘 민족을 대표하는 인물이 될 것입니다. 하나님의 구원 계획이 야곱을 통해 이 땅의 모든 나라에 이루어질 것입니다. 에서가 아닌, 속이는 자인 야곱을 통해 구원의 계보가 이어질 것입니다.

알짬 교리 **99**

하나님의 계획과 인간의 행동

하나님은 그분의 주권으로 모든 삶을 통치하시는데, 거기에는 인간의 자유 행동도 포함됩니다. 잠언에는 이렇게 기록되었습니다. "사람의 마음에는 많은 계획이 있어도 오직 여호와의 뜻만이 완전히 서리라"(잠 19:21). 우리가 다 이해할 수 없는 하나님의 계획은 도덕적 행위자로서의 인간의 선택을 통해 이루어져 갑니다. 인간이 자유롭게 선택한 나쁜 행동도 하나님의 큰 섭리 안에서 구원 계획을 이루어 가는 요소가 된다는 것입니다. 예수님의 십자가가 바로 그런 예입니다. 십자가 사건은 하나님이 예견하여 스스로 받아들이신 것이지만 동시에 인간의 악한 결정에 따라 진행된 것이기도 합니다(행 2:23).

그리스도와의 연결

students / p.72

하나님은 무자격자에게도 그분의 약속을 신실하게 지켜 주신다는 사실을 야곱의 이야기를 통해 확인할 수 있습니다(창 28:10~22). 야곱은 형을 배신하고 난 뒤 신변에 위험을 느껴 멀리 도망치다가, 해가 지자 돌을 베개 삼아 땅 위에 누워 잠들었습니다.

야곱은 꿈속에서 꼭대기가 하늘에 닿은 사닥다리를 보았습니다. 천사들이 오르락내리락하고 그 위에 선 하나님이 그에게 말씀하셨습니다. 하나님은 세상 모든 민족이 야곱의 후손을 통해 복을 받게 될 것이라고 하신 후 약속하셨습니다. "내가 너와 함께 있을 것이다." 하나님을 만난 그곳에서 야곱은 베개로 삼았던 돌을 가져다가 기둥으로 세우고 기름을 부어 표시했습니다. 그리고 그곳을 벧엘, 즉 '하나님의 집'이라고 이름 붙였습니다. 하나님은 에덴동산에서처럼 하나님의 백성 중에 살겠다고 약속하셨습니다. 야곱은 여호와 하나님을 자신의 하나님으로 섬기기로 서원했습니다.

야곱이 꿈에서 본 사닥다리는 바벨탑을 떠올리게 합니다(창 11:4). 그들은 자기들 방식대로 하나님께 나아가려고 했습니다. 그러나 여기서 볼 수 있듯이 인간이 하나님과 다시 만나려면 하나님이 우리에게로 내려오셔야만 합니다. 기독교가 다른 종교와 다른 점은, 하나님의 임재가 인간의 상승이 아닌 하나님의 하강을 통해 이루어진다는 점입니다. 이것이 은혜입니다. 은혜는 위로부터 내려오는 것입니다.

야곱의 사닥다리는 바벨의 뒤집힌 모습을 보여 줍니다. 그들은 높은 탑을 세워 하나님께 닿으려고 했다가 온 땅에 흩어짐을 당했습니다. 그러나 야곱의 후손으로 오실 예수님은 하늘로부터 땅으로 내려오실 것입니다. 예수님은 높이 들리어 사람들을 자신에게로 이끄실 것입니다. 그리고 땅의 모든 민족을 축복하고 예수님 안에서 그들을 연합시키실 것입니다. 예수님이야말로 천국으로 가는 참 사닥다리이며(요 1:51), 땅과 하늘을 다시 잇는 존재이십니다.

YOUR STORY

5~10분

하나님이 들려주시는 이야기는 오늘을 사는 나와 늘 연결되어 있습니다. 아래 질문에 답하면서 성경 이야기가 내 이야기와 어떻게 연결되는지 생각해 봅시다.

- **가족의 일로 고민하는 친구들을 떠올려 보며, 그들의 문제가 하나님의 은혜로 어떻게 극복될 수 있을지에 대해 나눠 봅시다.**
  복음, 즉 예수님의 이야기가 직접적인 답을 줄 수 있을 것입니다.

- **자신이 거짓말하는 이유에 대해 생각해 본 적이 있습니까?**
  우리가 거짓말을 하는 데는 이유가 있습니다. 마음속에 뭔가 원하는 게 있기 때문이지요. 거짓말하는 그 순간 마음속에는 어떤 갈망이 있다는 뜻입니다.

- **자신의 욕망을 따르지 않으려면 어떻게 해야 합니까?**
  학생들이 이 질문을 깊이 생각하고 토론하게 하십시오. 어떤 학생은 절제나 결단을 통해 변화를 일으킬 수 있다고 말할 것입니다. 그러나 그런 식의 변화는 일시적인 행동 수정에 불과한 경우가 많습니다. 지속적인 변화나 변혁은 오직 그리스도를 통해서만 가능합니다.

- **하나님이 우리의 거짓과 속임수까지도 사용해 그분의 계획을 이루어 가신다는 사실로 인해 어떤 희망을 얻게 됩니까?**
  이 질문의 목적은 우리 마음은 악하고 형편없지만, 그럼에도 불구하고 하나님은 여전히 그분의 선하신 뜻과 계획을 이루어 가신다는 점을 강조하려는 것입니다.

하나님의 이야기
하나님이 그분의 아들
예수 그리스도를 통해
우리를 구속해 주신 이야기

우리의 이야기
우리의 이야기가
하나님의 이야기와
만나는 곳

5~10분

YOUR MISSION

생 각

야곱과 에서의 이야기는 가정의 여러 가지 문제, 즉 부모의 편애, 속임수, 기만 등을 담고 있습니다. 이는 인간의 마음 깊은 곳의 죄성을 보여 줍니다. 그와 동시에 인간의 죄성에도 불구하고 하나님의 구원 계획은 계속 이루어져 가며, 그 가운데 하나님의 은혜와 선하심이 드러나는 것을 발견할 수 있습니다.

- **하나님의 구원 계획이 날마다 이루어지고 있다는 사실을 통해 우리에게 닥칠 사건, 절망, 역경을 견뎌 낼 힘을 얻을 수 있습니까?**
  학생들이 대화를 잘 시작할 수 있도록 선생님 자신의 경험을 예로 들어 주세요.
- **야곱과 에서의 이야기를 통해 알 수 있는 하나님의 성품은 무엇입니까?**
  은혜, 자비, 주권, 선함, 전지, 전능 등을 예로 들 수 있습니다.

마 음

하나님의 임재를 경험한 야곱은 완전히 달라졌습니다. 성경 전체에서 이 같은 일이 마치 공식처럼 반복됩니다. 하나님이 이끄시는 변화는 놀라운 것입니다(사 7장; 행 9장 참조).

- **하나님의 임재를 경험한 후 바뀌게 될 삶이 기대됩니까?**
  실제 경험한 것을 나누도록 하고, 어떤 변화가 일어나야 한다고 생각하는지 이야기하게 하십시오.
- **하나님의 임재를 경험하고도 변화되지 않는다면 그 이유는 무엇일까요?**
  학생들에게 그렇게 생각하는 이유를 설명하게 하십시오. '경험'을 어떻게 이해하느냐에 따라 답이 달라질 수 있습니다. 즉, 다메섹 도상에서 예수님을 만난 사울처럼 극적인 경험만 떠올릴 수 있기 때문입니다. 다양한 이해를 허용하되, 중립 지점을 찾도록 노력하십시오.

행 동

야곱과 에서의 이야기는 하나님과 우리 자신에 대해 많은 것을 가르쳐 줄 뿐만 아니라, 서로 간의 건강한 관계를 통해 세상에 복음을 전하는 것이 얼마나 중요한지를 가르쳐 줍니다.

- **하나님이 엉망진창인 사람도 사용해 그분의 은혜가 가득한 이야기를 계속해 나가시는 것을 보면서 '나도 그 이야기의 일부분이 되고 싶다'는 생각이 듭니까?**
  이 질문에 대한 대답은 다양할 것입니다.
- **'온 인류를 축복하라'는 하나님의 사명에 어떻게 동참할 수 있을지에 대해 나눠 봅시다.**
  이 질문에 대한 대답은 다양할 것입니다.

다음 모임까지
욥기 1~9장을
읽어 보세요.

자료 4

요셉의 생애

밧단아람, 가나안에서 가족과 함께 살아감 [17년]

- 야곱이 가장 사랑했던 아내 라헬의 장자로 태어남
- 가족 모두 가나안으로 돌아옴(6세)
- 동생 베냐민이 태어나고 어머니 라헬이 죽음
- 야곱의 편애가 드러나는 채색옷을 받음(17세)
- 가족을 다스리는 꿈을 두 번 꿈(17세)
- 형제들에 의해 구덩이에 던져지고 미디안 상인들에게 은 이십에 팔림(17세)

노예, 죄수로 애굽에서 살아감 [13년]

- 애굽으로 끌려가 보디발의 노예로 팔림(17세)

여호와께서 요셉과 함께하시다(창 39:2)

- 보디발의 가정 총무로 승진, 집안 전체를 총괄함
- 보디발의 아내에 의해 간통으로 허위 고발당하여 옥에 갇힘

여호와께서 요셉과 함께하시다(창 39:21)

- 모든 옥중 죄수와 제반 사무를 맡음
- 함께 갇힌 바로의 술 관원장과 떡 굽는 관원장의 수종을 듦(28세)
- 술 관원장과 떡 굽는 관원장의 꿈을 해석한 지 3일 후 그 일이 실제로 이루어짐(28세)

다스리는 자로서 애굽에서 살아감 [80년]

- 바로 왕이 꾼 두 개의 꿈이 앞으로 닥칠 기근에 대한 것이라고 해석함(30세)
- 애굽에서 두 번째로 높은 자리에 임명됨, 아스낫을 아내로 맞음(30세)
- 기근에 대비해 수확물을 저장하도록 지시하고 감독함(30~37세)
- 아들 므낫세와 에브라임이 태어남
- 기근 동안 곡식을 판매하는 일을 감독함(37~44세)

71년간 애굽에서 가족과 함께지냄

- 형들과 화해함, 아버지와 가족과 재회함(39세)
  - 형들이 곡식을 사러 옴, 베냐민을 데리고 오라고 요구함, 시므온이 볼모로 잡힘
  - 야곱이 애굽에서 가져온 곡식이 떨어질 때까지 베냐민을 보내기를 거절함, 유다가 베냐민을 책임지기로 함
  - 형들이 베냐민과 함께 곡식을 사러 감, 요셉이 베냐민의 자루에 은잔을 넣음
  - 베냐민이 도둑으로 몰려 노예 선고를 받음, 유다가 베냐민을 대신하겠다고 자청함
  - 요셉이 자신의 정체를 밝히고 형들을 용서함, 가족 모두를 애굽으로 초청함
- 야곱이 요셉의 아들들을 자신의 아들로 삼고 축복함(56세)
- 야곱이 죽어 가나안에 장사됨(56세)
- 요셉이 죽어 애굽에 장사됨, 그의 뼈는 약속의 땅으로 돌아가는 날을 기다림(110세)

11

내 이름은 이스라엘

요 약

이 과에서는 야곱이 어떻게 해서 하나님으로부터 새 이름을 받게 되었는지에 대해 배울 것입니다. 옛 이름 야곱은 '속이는 자'라는 뜻이었습니다. 그에게 잘 어울리는 이름이었지요. 그런 야곱이 하나님을 만나자 전혀 다른 사람이 되었습니다. 그는 하나님으로부터 새 이름을 받았습니다. 그와 그의 후손들에게 베푸시는 하나님의 은혜가 담긴 이름이었습니다. 우리도 야곱처럼 흠이 많은 사람입니다. 우리에게도 새 이름을 주실 하나님과의 만남이 필요합니다.

성 경

창세기 32장 24~32절; 35장 9~15절

HIS STORY

20~30분

포 인 트

하나님과의 만남은 자신의 정체성을 회복하고 삶의 목적을 깨닫는 근본적 변화로 이어진다.

등 장 인 물

@삼위일체 하나님(성부, 성자, 성령)
@야곱(이삭과 리브가의 둘째 아들, 속이는 자)

메시지 좌표

성경은 우리 삶이 달라질 수 있고, 그 변화는 나의 능력에 달려 있지 않다고 말해 줍니다. 얼마나 좋은 소식인가요. 하나님이 삶을 변화시키십니다. 우리는 야곱의 이야기에서 이것을 확인할 수 있습니다(창 32장).

하나님과의 만남은 자아를 깨뜨릴 뿐만 아니라, 완전히 그리고 영원히 변화시킵니다. 야곱은 하나님과의 만남을 통해 영원히 변화되었고, 하나님으로부터 새 이름을 받았습니다. 그 이름에서 하나님이 야곱의 삶에 일으키신 큰 변화를 알 수 있습니다. 야곱의 뜻은 '속이는 자'였으나, 새 이름 '이스라엘'은 '하나님과 겨루어 이긴 자'라는 뜻으로 그의 삶 속에 임하신 하나님의 은혜를 말해 줍니다.

교사용 팁 : 우리도 야곱처럼 흠이 많습니다. 우리의 정체성을 변화시키고, 새로운 사명을 주실 하나님과의 만남이 필요합니다.

도 입

5~10분

젖병, 이유식, 한 입 크기의 크래커, 샌드위치, 햄버거 등을 준비해 주세요(그림이나 사진으로 대체해도 됩니다). 준비한 음식을 차려 놓은 후, 학생들이 모이면 다음 질문을 하십시오.

- ▸ 이중에 어릴 때 어떤 음식을 좋아했나요?
- ▸ 지금도 입맛이 그때와 똑같나요? 아니라면 어떻게 바뀌었나요? 그게 한순간에 갑자기 바뀌었나요? 아니면 오랫동안 천천히 바뀌었나요?

주님과의 관계가 발전함에 따라 더욱 친밀함을 누릴 수 있도록 우리의 생각과 행동이 변화되기를 하나님이 바라신다는 사실을 지적해 주십시오.
우리는 변화된 야곱의 삶을 볼 것입니다. 그에게 왜 변화가 필요했는지에 대해서도 살펴볼 것입니다. 우리도 야곱처럼 하나님이 주시는 사명을 다하기 위해 삶에 변화가 필요할지도 모릅니다.

하나님이 나를 깨뜨리시다니!

야곱은 장차 이스라엘이 될 것입니다. 이스라엘은 하나님이 택하신 백성이죠. 그러나 야곱은 인격적으로 결함이 많은 사람이었습니다. 그는 아버지와 형을 속이고 장자의 축복을 빼앗았습니다.

students / p.76

에서를 피해 도망친 야곱은 동방 사람의 땅에 이르러 그곳 우물가에서 라헬을 처음 만났습니다. 그는 라헬을 사랑해서 결혼하고 싶었습니다. 라헬과 결혼하기 위해 그녀의 아버지 라반의 집에서 7년 동안 일하기로 했습니다. 얼마나 사랑했는지 7년 동안 하루도 쉬지 않고 정말 열심히 일했습니다. 그러나 라반은 야곱을 속였습니다. 라헬 대신 첫째 딸 레아와 결혼시킨 것입니다. 사기꾼 야곱이 속는 일이 벌어지고 말았습니다. 그는 사랑하는 라헬을 위해 다시 7년을 더 일해야 했습니다.

라반이 야곱에게 속임수를 썼음에도 불구하고 하나님은 야곱에게 한 약

도입 선택

다음 이야기를 들려주고, 아래 질문에 관해 토론하게 하십시오.

사람들은 변화를 꿈꾸며 결심을 하곤 합니다. 그러나 대부분 얼마 못 가 다시 예전으로 돌아가 버리지요. 오랫동안 갈망하는 일들도 있습니다. 어떤 사람은 중독에서 놓이기를 원하고, 또 어떤 사람은 계속되는 가난이나 불화에서 벗어나고 싶어 합니다. 그런데 변화를 갈망하는 만큼 의구심도 갖습니다. '과연 내가 변할 수 있을까?' 변화를 시도해 봤지만, 실망으로 끝난 경우가 많기 때문에 그만큼 희망을 잃기 쉬운 것입니다. '이게 다 무슨 소용이람?' 포기해 버리고 싶은 유혹도 받습니다. 그래서인지 우리는 변화와 관련된 이야기들을 좋아합니다. 극적인 변화가 일어날 수도 있다는 사실을 너무 보고 싶은 거예요.

- *과거에 자신이나 가정에 큰 변화가 일어났던 적이 있나요?*
- *변화가 필요하다고 생각하는 일이 있나요? 어떤 변화를 보기 원하나요?*

연 대 표

야곱이 하나님과 씨름하다
JACOB WRESTLES WITH GOD
속이는 자였던 야곱이 하나님과 만나 깨어진 후 영원히 변화되다.

요셉의 역경
JOSEPH'S HARDSHIPS
요셉의 고난과 하나님의 자비

많은 사람의 구원
THE SALVATION OF MANY
요셉이 악한 일을 당했으나, 하나님은 그것으로 선을 이루시다.

모세가 하나님과 말하다
MOSES SPEAKS TO GOD
하나님이 자신을 모세에게 계시하시고 구원을 약속하시다.

하나님의 영광이 드러나다
GOD'S GLORY IS REVEALED
하나님이 모든 열방 가운데 자기 영광을 나타내시다.

심판과 구원
JUDGE AND SAVIOR
하나님은 심판하시면서도 구원의 수단을 제공하시다.

속을 지키셨습니다. 하나님이 아브라함과 이삭과 야곱에게 주신 약속은 땅, 후손, 그리고 축복이었다는 것을 기억하세요.

하나님은 야곱에게 물질적 축복을 주셨고(비록 야곱이 계략을 짜내 얻긴 했지만), 또한 자녀들을 주셨습니다. 이렇게 야곱은 축복도 얻고 후손도 얻었지만, 아직 땅은 얻지 못했습니다.

students / p. 76

드디어 하나님이 야곱에게 고향으로 돌아가라고 말씀하셨습니다. 부자가 된 야곱이 대가족을 거느리고 고향 가나안을 향해 떠납니다. 하지만 언약의 상속자로서 하나님의 약속들을 물려받기 위해서는 변화가 필요했습니다. 야곱은 형 에서가 자기에게 복수하러 올까 봐 두려웠습니다. 형의 마음을 누그러뜨리기 위해 선물과 사절단을 앞서 보냈습니다. 홀로 남은 야곱이 '어떤 사람'을 만났고, 그가 야곱의 인생을 송두리째 바꿔 놓았습니다.

> 24야곱은 홀로 남았더니 어떤 사람이 날이 새도록 야곱과 씨름하다가 25자기가 야곱을
> 이기지 못함을 보고 그가 야곱의 허벅지 관절을 치매 야곱의 허벅지 관절이 그 사람과 씨
> 름할 때에 어긋났더라 26그가 이르되 날이 새려하니 나로 가게 하라 야곱이 이르되 당신
> 이 내게 축복하지 아니하면 가게 하지 아니하겠나이다 27그 사람이 그에게 이르되 네 이
> 름이 무엇이냐 그가 이르되 야곱이니이다(창 32:24~27).

그 '어떤 사람'은 하나님이었습니다. 하나님과의 씨름은 두 가지 교훈을 줍니다.

첫째, 하나님이 야곱과 정면 대결하셨다는 것은 야곱의 인격에 결점이 있음을 보여 주며, 하나님은 죄를 벌하지 않거나 간과하는 분이 아니라는 진리를 암시합니다. 모세도 하나님의 명령에 불순종했을 때 비슷한 일을 겪었습니다(출 4:24~26 참조). 하나님은 야곱을 사용하기 원하셨지만, 먼저 그를 변화시키셔야 했습니다.

둘째, 해가 뜨기 전에 떠나야 해서 필사적으로 야곱의 허벅지 관절을 어긋나게 하신 것은 하나님이 야곱에게 책임을 묻고 그를 변화시키고자 하시는 이유를 나타내는 것일 수 있습니다. 축복이 임하기 전에 먼저 죄인 야곱이 깨어져야만 했던 것입니다. 아마도 그래서 그에게 이름을 물으셨을 것입니다. 그의

이름은 야곱, 즉 '속이는 자'라는 뜻이기 때문입니다. 그때까지 그의 삶은 그의 이름과 너무나 잘 어울렸습니다.

students / p.76

내 삶에서 깨어져야 할 부분이 있습니까?

깨어진 틈 사이로 흐르는 은혜

students / p.77

사람이 사람에게 베푸는 은혜도 귀하지만, 온 우주의 주인인 하나님이 가련한 죄인에게 베푸시는 은혜는 그 효과가 어마어마합니다. 은혜에는 사람을 달라지게 만드는 강한 힘이 있습니다. 은혜를 경험한 사람은 결코 이전과 같을 수가 없습니다. 우리는 이 진리를 야곱의 삶에서 봅니다. 꼼수를 부리는 거짓말쟁이 야곱에게 하나님이 은혜를 쏟아부어 주신 결과가 창세기 32장에 분명하게 드러납니다.

> 28그가 이르되 네 이름을 다시는 야곱이라 부를 것이 아니요 이스라엘이라 부를 것이니
> 이는 네가 하나님과 및 사람들과 겨루어 이겼음이니라 29야곱이 청하여 이르되 당신의
> 이름을 알려 주소서 그 사람이 이르되 어찌하여 내 이름을 묻느냐 하고 거기서 야곱에게
> 축복한지라 30그러므로 야곱이 그곳 이름을 브니엘이라 하였으니 그가 이르기를 내가 하
> 나님과 대면하여 보았으나 내 생명이 보전되었다 함이더라(창 32:28~30).

students / p.77

야곱은 어떤 사람과 씨름하면서 다쳤지만 끝까지 붙잡고 매달렸습니다. "네 이름이 무엇이냐"라는 질문에, 야곱은 속이는 본성이 드러나는 자신의 이름을 말했고 놀라운 은혜를 얻었습니다. 하나님이신 그 사람으로부터 승리를 허락받고 새 이름을 받은 것입니다.

아기 이름을 지을 때 흔히 당시 인기 있는 이름이나 가족과 연관이 있는 이름을 선택합니다. 그런데 고대 문화에서 이름은 그 사람을 표현하는 수단이었습니다. 즉, 그 사람의 캐릭터를 드러내 보여 주는 것입니다. 따라서 이름이 바뀐다는 것은 캐릭터가 변화되었음을 뜻합니다. 인생을 새 출발하는 것입니다. 야곱의 새 이름은 '이스라엘'이 될 것입니다. 그가 하나님과 겨루어 이겼기

연 대 표

야곱이 하나님과 씨름하다
JACOB WRESTLES WITH GOD
속이는 자였던 야곱이 하나님과 만나 깨어진 후 영원히 변화되다.

요셉의 역경
JOSEPH'S HARDSHIPS
요셉의 고난과 하나님의 자비

많은 사람의 구원
THE SALVATION OF MANY
요셉이 악한 일을 당했으나, 하나님은 그것으로 선을 이루시다.

모세가 하나님과 말하다
MOSES SPEAKS TO GOD
하나님이 자신을 모세에게 계시하시고 구속을 약속하시다.

하나님의 영광이 드러나다
GOD'S GLORY IS REVEALED
하나님이 모든 열방 가운데 자기 영광을 나타내시다.

심판과 구원
JUDGE AND SAVIOR
하나님은 심판하시면서도 구원의 수단을 제공하시다.

본문으로 더 깊이

야곱이 그곳을 브니엘이라 이름 지은 것은, 그가 사람이 아닌 하나님과 씨름했음을 나타냅니다. 물론 이것은 온갖 종류의 신학적 질문과 우려를 일으킵니다. 가령 '하나님과 씨름한 사람이 어떻게 당장 죽임을 당하지 않을 수 있는가' 같은 것입니다. 그러나 성경은 그런 사안들에 연연하지 않습니다. 오히려 야곱이 은혜로우신 하나님을 만나 변화되었음을 보여 주는 데 목적이 있습니다. 비록 그는 절름거리며 걷게 되었지만, 분명 변화되었습니다. 야곱은 떠날 때와 똑같은 모리배의 모습으로 약속의 땅으로 돌아오지 않았습니다.

때문입니다(창 32:28).

고통스러운 상처를 입으면서도 야곱은 하나님의 축복을 구하며 절대 포기하지 않았습니다. 하나님은 그에게 자신의 이름을 알려 주지 않으셨지만, 그를 축복해 주셨습니다. 야곱은 그곳을 '브니엘'이라 불렀습니다. 왜냐하면 그가 하나님을 대면하고도 무사했기 때문입니다(창 32:30).

새 사람은 새 이름에!

누구나 하나님께 축복받기를 원합니다. 그래서 하나님께 건강이나 재물을 구하는 기도를 드리고, 자녀를 위해 기도하거나 원하는 많은 것을 구하며 기도합니다.

물론 축복을 구하는 것이 잘못은 아닙니다. 그것은 우리가 하나님을 얼마나 의존하는지를 보여 주며, 하나님이 얼마나 선하며 은혜로우신가를 보여 줍니다. 우리는 하나님이 당신의 자녀들을 축복하기를 기뻐하신다는 사실을 알기 때문에 하나님께 축복을 구합니다.

문제는 하나님이 왜 그분의 백성을 축복해 주시는지를 사람들이 모른다는 것입니다. 우리는 그분이 우리 삶을 변화시켜 주시기를 바라지만, 하나님이 일단 변화시켜 주시고 나면 왜, 어떤 목적으로 우리를 변화시키셨는지 이해하지 못합니다.

성경을 보면, 하나님이 그분의 백성을 축복하시는 목적이 나옵니다. 즉, 축복을 받은 사람이 다른 사람들에게 복이 되게 하시려는 것입니다. 하나님은 사람을 변화시켜서 인류를 향한 사랑의 통로로 삼으십니다.

students / p.77

하나님은 야곱을 축복하고 변화시키셨고, 그를 통해 온 세상을 변화시키고 축복하실 것입니다. 야곱이 성장하는 모습에 주목해 봅시다. 하나님은 야곱에게 나타나셔서 그를 축복해 주셨습니다(창 35:9). 그리고 그의 이름을 이스라엘로 바꿔 주셨지요(창 35:10). 하나님은 그에게 책임을 주셨습니다(창 35:11). 마찬가지로 하나님은 우리를 축복하셔서 구원받고 변화되게 하십니다. 그리고 부름받은 우리가 그 책임을 다할 수 있도록 도와주십니다.

> 9야곱이 밧단아람에서 돌아오매 하나님이 다시 야곱에게 나타나사 그에게 복을 주시고
> 10하나님이 그에게 이르시되 네 이름이 야곱이지마는 네 이름을 다시는 야곱이라 부르지
> 않겠고 이스라엘이 네 이름이 되리라 하시고 그가 그의 이름을 이스라엘이라 부르시고
> 11하나님이 그에게 이르시되 나는 전능한 하나님이라 생육하며 번성하라 한 백성과 백성
> 들의 총회가 네게서 나오고 왕들이 네 허리에서 나오리라 12내가 아브라함과 이삭에게 준
> 땅을 네게 주고 내가 네 후손에게도 그 땅을 주리라 하시고 13하나님이 그와 말씀하시던
> 곳에서 그를 떠나 올라가시는지라 14야곱이 하나님이 자기와 말씀하시던 곳에 기둥 곧 돌
> 기둥을 세우고 그 위에 전제물을 붓고 또 그 위에 기름을 붓고 15하나님이 자기와 말씀하
> 시던 곳의 이름을 벧엘이라 불렀더라(창 35:9~15).

고향으로 돌아온 야곱은 형 에서와 화해했습니다. 나중에 하나님은 그에게 벧엘에 정착하라고 명령하며 모든 우상을 버리게 하셨습니다. 이 사건들 속에서 야곱의 삶이 점차 변해 갔습니다. 변화의 속도는 느렸지만, 발전적인 변화였습니다. (이는 우리도 마찬가지입니다!)

하나님은 야곱과의 약속을 지키실 것입니다. 그는 정말로 생육하고 번성했습니다. 그의 열두 아들은 이스라엘 나라의 열두 지파로 성장합니다. 그리고 그의 후손을 통해 왕, 메시아, 곧 세상에 구원을 주실 분이 오신다는 약속을 지키실 것입니다.

그리스도와의 연결

students / p.78

야곱이 이스라엘이 되는 이야기는 우리에게 격려가 됩니다(창 32장). 아무리 삶이 엉망진창이 되고, 많은 실수와 잘못을 저지르고, 사람들과의 관계가 깨어져도, 살아 계신 하나님을 만나면 새 삶을 얻을 수 있다는 사실을 보여 주기 때문입니다. 신약성경은 우리가 예수 그리스도를 통해 하나님을 만나고, 그리스도 안에서 하나님의 이름을 지닌다고 가르쳐 줍니다. 우리의 정체성이 죄인에서 하나님께 사랑받는 자녀로 바뀌는 것입니다.

하나님이 에서가 아닌 야곱을 통해 언약을 이루어 가시는 것처럼, 야곱의 장자가 아니라 유다를 통해 언약을 이루어 가실 것입니다(창 49장 참조).

유다 가문을 통해 메시아, 곧 예수 그리스도께서 오실 것입니다. 예수님은 열방의 빛이 되라고 부름받은 이스라엘의 사명을 완수하실 것입니다. 십자가에서의 죽음과 부활을 통해 온 세상에 구원을 선포하실 것입니다.

하나님은 험악한 세월을 보낸 야곱을 택해 온 세상을 향한 축복의 통로가 되게 하셨습니다. 야곱이 아들을 낳고, 야곱의 아들이 아들을 낳고, 그 아들이 또 아들을 낳고, 그 아들이 또 아들을 낳아서, 마침내 한 처녀가 세상의 구원자 예수님을 낳게 될 것입니다. 하나님은 예수님을 통해 우리 삶을 영원히 바꿔 놓으시며, 우리를 통해 세상을 축복하십니다. 하나님이 우리에게 새로운 정체성과 목적을 주셔서 전에 없던 새 삶을 살게 하실 것입니다.

구약 시대에는 이름에 특권과 책임이 담겨 있다고 믿었습니다. 우리는 '그리스도인'이라는 이름을 지니고 있습니다. 이 이름에는 '구원의 특권'과 '선교의 책임'이 담겨 있습니다.

알짬 교리 **99**

신자의 새로운 정체성

누구나 그리스도를 믿으면 정체성이 근본적으로 변합니다. 본질상 진노의 자녀였다가(엡 2:1~3) 그리스도로 말미암아 하나님의 사랑받는 자녀로 신분이 바뀌어 하나님의 가족이 되기 때문입니다(엡 2:19). 그리스도 안에 있는 신자는 예수님의 완벽한 삶, 대속의 죽음과 부활로 인해 의롭다 하심을 받습니다. 더 이상 죄의 노예가 아니며, 과거의 실패나 현재의 부족함으로 매이지 않습니다.

어둠의 영역에서 해방되어 빛의 나라에 속하게 됩니다(골 1:13). 누구든지 그리스도 안에 있으면 '새로운 피조물'이며 악에 찬 옛 자아는 죽고 구속된 새로운 자아가 살아 성장하며, 더욱더 그리스도를 닮아 갑니다(고후 5:17).

YOUR STORY

5~10분

하나님이 들려주시는 이야기는 오늘을 사는 나와 늘 연결되어 있습니다. 아래 질문에 답하면서 성경 이야기가 내 이야기와 어떻게 연결되는지 생각해 봅시다.

▶ **과거의 잘못이 자신을 집요하게 따라다닌다고 생각합니까?**
많은 사람이 과거의 잘못들이 자신을 규정한다고 느낍니다. 학생들도 이런 개념을 가지고 있는지 파악해 보십시오.

▶ **사람들이 자신이 했던 잘못을 잊기 어려운 이유는 무엇일까요?**
이 질문에 대한 대답은 다양할 것입니다.

▶ **다른 사람이 베푼 은혜 덕분에 마음이 새로워진 경험이 있다면 나눠 봅시다.**
이 질문의 목적은 은혜가 한 사람의 삶과 결정을 변화시킬 수 있다는 것을 알게 하는 데 있습니다.

▶ **새로운 사람이 되기 위해, 새 출발을 하기 위해, 새롭게 평가받기 위해 노력한 적이 있습니까?**
이 질문에 대한 대답은 다양할 것입니다.

하나님의 이야기
하나님이 그분의 아들
예수 그리스도를 통해
우리를 구속해 주신 이야기

우리의 이야기
우리의 이야기가
하나님의 이야기와
만나는 곳

YOUR MISSION

5~10분

생 각

자신의 정체성을 알고 이해하는 것은 우리 삶에 있어 매우 중요합니다. 자기 자신을 어떻게 보느냐에 따라 어떤 사람이 될지가 결정되기 때문입니다.

- **하나님으로부터 새 이름을 얻는 것과 스스로 새 평판을 얻기 위해 노력하는 것은 어떠한 차이가 있을까요?**
  가장 큰 차이점은 우리는 항구적인 변화를 일으킬 수 없지만, 하나님은 일으키실 수 있다는 것입니다. 하나님은 우리를 그분의 자녀로 새로 태어나게 하시고 신자라는 이름을 주심으로써 근본적인 변화를 일으키십니다. 변화는 삶의 다른 부분들에도 파급됩니다.
- **야곱의 이야기는 하나님을 만나면 내가 부서지고 깨질 수 있다는 것을 가르쳐 줍니다. 그런 경험을 해 본 적이 있나요?**
  이 질문에 대한 대답은 다양할 것입니다.

마 음

야곱의 이야기는, 삶의 고난이 나중에는 유익이 될 수 있다는 희망을 가르쳐 줍니다. 사실 하나님은 고난을 통해 우리 마음을 하나님께로 이끌어 지난날의 죄에서 떠나게 하십니다.

- **하나님이 어떤 어려움을 통해 나를 회개로 이끄셨는지 이야기해 봅시다.**
  이 질문에 대한 대답은 다양할 것입니다.
- **내 삶에 그 어려움들이 왜 필요했을까요?**
  이 질문에 대한 대답은 다양할 것입니다.

행 동

야곱처럼 하나님으로부터 새 정체성을 받고 고난을 통해 회개하도록 인도하심을 받았다면, 이제는 그 사랑과 은혜를 다른 사람들에게 전해야 합니다. 이것이 우리를 부르신 이유입니다. 더 이상 자신을 위해 살지 않고, 나를 구원해 축복의 통로로 사용하시는 하나님을 위해 살아야 합니다.

- **구원의 하나님을 기억하며 다른 사람의 어려움을 도왔던 적이 있습니까?**
  이 질문에 대한 대답은 다양할 것입니다.
- **하나님께 기도할 때 자신의 필요를 구하는 것에서 더 나아가 다른 사람을 축복해 보라는 말씀도 실천해 보겠습니까?**
  이 질문에 대한 대답은 다양할 것입니다.

다음 모임까지
욥기 10~17장을
읽어 보세요.

12

고난을 미워하지 마

요 약

이 과에서 우리는 하나님이 요셉의 고난을 통해 많은 사람을 구원할 계획을 어떻게 성취해 나가시는지를 볼 것입니다. 또한 우리를 대신해 당하시는 예수님의 고난을 통해 세상을 어떻게 구원하실지 미리 엿볼 수 있습니다. 그리스도 안에 있는 사람들에게 좋은 소식이 있습니다. 하나님이 우리 삶 속의 역경을 사용해 하나님의 계획을 성취해 나가심을 신뢰할 수 있다는 것입니다.

성 경

창세기 37장 3~11, 23~28절; 39장 6b~23절

HIS STORY

20~30분

포 인 트

하나님이 우리 삶을 주관하시며, 고난까지도 사용해 우리 안에, 그리고 우리를 통해 하나님의 계획을 이루신다.

등 장 인 물

@삼위일체 하나님(성부, 성자, 성령)
@요셉(야곱과 라헬의 사랑받는 아들, 형들의 시기를 받아 노예로 팔림)
@요셉의 형제들(동생 요셉을 시기함, 미래의 열두 지파)

메시지 좌표

이 과에서는 청년 요셉의 삶을 들여다볼 것입니다. 요셉의 삶을 통해 하나님이 고난을 사용해 어떻게 구원 계획을 이루어 가시는지 살펴 볼 것입니다. 우리는 요셉의 이야기에서 예수님이 우리 죄를 대신해 고난을 당하심으로써 어떻게 세상을 구원하시는지 미리 엿볼 수 있습니다. 그리스도 안에 있는 우리에게 좋은 소식은 하나님이 우리 삶의 역경을 사용해 하나님의 계획을 이루어 가심을 신뢰할 수 있다는 것입니다.

도 입

5~10분

눈을 감은 예수님이 그려진 '기적의 기도 매트'가 있다고 합니다. 이것을 오랫동안 바라보면 예수님이 눈을 뜨시는데, 그 순간 매트 위에서 기도하면 무슨 소원이든 이루어진다고 합니다. 하나님은 우리가 기도한 대로 척척 들어주시는 요술램프의 요정 지니가 아니십니다. 그럼에도 자신의 꿈을 이루어 주시고, 많은 물질을 주시고, 병을 치료해 주시리라 기대하며 믿는 그리스도인이 많습니다. 그들은 순종의 대가로 고난 없는 삶을 얻어 내려는 '흥정의 달인'이 되는데, 이것은 믿음에 해롭습니다. 그런 사람들은 상황이 자기 뜻대로 되지 않으면 하나님을 비난하고 떠나 버리곤 합니다.

성경은 하나님을 잘 믿으면 고난 없는 삶을 살게 될 것이라고 말하지 않습니다. 타락한 세상에서 살고 있기 때문에 고난은 불가피합니다. 실제로 우리는 의인이 고난받고, 악인이 번성하는 것을 자주 보게 됩니다. 하지만 성경은 하나님을 신뢰하는 자는 고난 속에서도 결코 혼자가 아니라는 사실을 일깨워 줍니다. 하나님은 고통조차도 그분의 선한 목적과 계획을 이루는 데 사용하시는 분입니다.

▸ 하나님이 들어주시지 않은 기도가 있나요? 어떤 것들이었습니까?

▸ 그때도 하나님이 그분의 목적을 이루기 위해 역사하고 계셨음을 알게 되었나요?

도입 선택

고통을 담은 사진들을 보여 주십시오(병상의 환자, 기아로 앙상해진 어린이, 왕따 당하는 청소년 등). 여러 형태의 고통에 관해 이야기를 나누고, 그런 상황 속에 있는 사람들을 위로하기 위해 할 수 있는 말에 관해 토론하십시오. 그 후 학생들을 나누어 성경 검색 수단을 이용해 아래의 각 상황에 놓인 사람들을 격려할 수 있는 성경 구절들을 찾아보게 하십시오.

- *가장 친한 친구의 부모님이 이혼 위기에 놓였다.*
- *학교 선생님이 암 투병 중이시다.*
- *공동체에 왕따가 생겼다.*

우리가 무슨 일을 겪고 있든 하나님이 주관하신다는 사실을 상기시키세요. 하나님은 고난과 불의까지도 사용해 우리 안에, 그리고 우리를 통해 하나님의 계획을 신실하게 이루어 가십니다.

하나님은 큰 그림, 나는 퍼즐 조각

students / p.82

지금까지 우리는 하나님이 어떤 과정을 통해 아브라함, 이삭, 야곱에게 은혜로운 약속을 주셨는지 살펴보았습니다. 그러나 하나님은 그들의 후손이 약속의 땅을 받기 전에 이방 민족의 노예가 될 것이라고 하셨습니다(창 15:13). 아브라함의 후손을 통해 열방을 축복하는 것이 하나님의 계획이지만, 그 안에는 고난과 고통이 함께 들어 있습니다.

야곱의 아들 요셉의 이야기가 시작되는데(창 37장), 요셉의 미래에 대한 하나님의 계획이 계시됩니다.

연대표

요셉의 역경
JOSEPH'S HARDSHIPS
요셉의 고난과 하나님의 자비

많은 사람의 구원
THE SALVATION OF MANY
요셉이 악한 일을 당했으나, 하나님은 그것으로 선을 이루시다.

모세가 하나님과 말하다
MOSES SPEAKS TO GOD
하나님이 자신을 모세에게 계시하시고 구원을 약속하시다.

하나님의 영광이 드러나다
GOD'S GLORY IS REVEALED
하나님이 모든 열방 가운데 자기 영광을 나타내시다.

심판과 구원
JUDGE AND SAVIOR
하나님은 심판하시면서도 구원의 수단을 제공하시다.

홍해
THE RED SEA
하나님이 홍해를 가르시고 자기 백성을 인도하시다.

3요셉은 노년에 얻은 아들이므로 이스라엘이 여러 아들들보다 그를 더 사랑하므로 그를 위하여 채색옷을 지었더니 4그의 형들이 아버지가 형들보다 그를 더 사랑함을 보고 그를 미워하여 그에게 편안하게 말할 수 없었더라(창 37:3~4).

students / p.82

야곱은 아들 중에 요셉을 가장 좋아했습니다. 늘그막에 그가 가장 사랑한 아내 라헬에게서 얻은 아들이기 때문입니다(창 30:22~24). 요셉에게만 채색옷을 지어 입혔을 정도였지요. 아버지의 편애 때문에 형들은 요셉을 눈엣가시처럼 여겼습니다.

설상가상으로 요셉은 형들이 자기한테 절하는 꿈을 꾸었고, 이로 인해 더욱 미움을 받았습니다(창 37:5~11). 누가 이런 이야기를 동생에게서 듣고 싶겠습니까? 성경에는 요셉이 가족에게 꿈 이야기를 한 것이 잘한 것인지 잘못한 것인지에 대해 가타부타 말이 없습니다. 그러나 그가 꾼 꿈이 장차 이루어질 하나님의 계획을 나타내는 그림이었다는 것은 분명합니다.

요셉이 하나님의 계획을 꿈으로 꾸었을 때부터 그 계획이 성취되기까지의 여정은 길고 고되었습니다. 그러나 여기서 중요한 것은 그 꿈이 어떻게 창세기의 결론을 위한 무대가 되었는가입니다. 우리가 보아 왔듯이, 하나님의 구원 계획은 아브라함의 후손을 통해 온 세상을 축복하는 것입니다. 요셉의 꿈은 창세기 끝에서 이 계획이 열매를 맺을 것임을 보여 줍니다. 요셉이 형들과 아버지보다 높아짐으로써 하나님이 이스라엘을 구원하실 뿐만 아니라 주변 민족들까지 구원하실 것입니다.

요셉은 고난 중에 있었지만, 하나님은 그 고난을 사용해 요셉을 높이고 그의 가족을 다른 많은 사람과 함께 구원하셨습니다. 하나님은 요셉의 꿈을 통해 그 계획의 큰 그림을 가족들에게 보여 주셨습니다. 요셉의 형들은 이를 못마땅해 했지만, 그들은 결국 그 꿈이 자신들을 기근과 죽음으로부터 구원하기 위한 하나님의 계획이었음을 깨닫게 될 것입니다.

우리는 요셉의 형들로부터 한 가지를 배울 수 있습니다. 하나님이 하시는 일이 아무리 마음에 안 들어도, 하나님의 계획은 우리가 세운 어떤 훌륭한 계획보다도 더 낫다는 것입니다. 그래서 비록 현재 상황이 못마땅하거나 이해되지 않더라도 미래에 대한 하나님의 계획을 신뢰할 수 있습니다.

students / p.82

자신의 장래 희망과 하나님의 계획 가운데 어느 것이 더 근사할지 생각해 보았습니까?

한 치 앞을 몰라도 괜찮아

삶의 축복에 대한 책임감이 없는 사람이 얼마나 많은지 모릅니다. 잘나가던 유명인들이 순식간에 망하는 것을 자주 볼 수 있습니다. 대부분 명성과 부를 감당할 준비가 되어 있지 않은 것이 그 이유입니다.

하나님은 미래를 위해 우리에게 무엇이 필요한지를 잘 아십니다. 그리스도를 따라 영원한 기업을 받을 준비가 되려면 무엇이 필요한지도 아십니다. 그래서 때로 우리를 고난과 역경 속에 그대로 두십니다. 위험, 곤란, 결핍 등으로 훈련시켜 하나님이 우리를 위해 준비하신 축복을 누리는 사람이 되도록 하시기 위함입니다(롬 8:28~29 참조).

요셉의 삶에서 이 진리를 봅니다. 요셉은 형들에 의해 큰 고난을 겪었지만, 하나님은 그것을 사용하셔서 그를 애굽의 총리로 준비시키셨습니다.

> 23요셉이 형들에게 이르매 그의 형들이 요셉의 옷 곧 그가 입은 채색옷을 벗기고 24그를
> 잡아 구덩이에 던지니 그 구덩이는 빈 것이라 그 속에 물이 없었더라 25그들이 앉아 음식
> 을 먹다가 눈을 들어 본즉 한 무리의 이스마엘 사람들이 길르앗에서 오는데 그 낙타들에
> 향품과 유향과 몰약을 싣고 애굽으로 내려가는지라 26유다가 자기 형제에게 이르되 우리
> 가 우리 동생을 죽이고 그의 피를 덮어둔들 무엇이 유익할까 27자 그를 이스마엘 사람들
> 에게 팔고 그에게 우리 손을 대지 말자 그는 우리의 동생이요 우리의 혈육이니라 하매 그
> 의 형제들이 청종하였더라 28그때에 미디안 사람 상인들이 지나가고 있는지라 형들이 요
> 셉을 구덩이에서 끌어올리고 은 이십에 그를 이스마엘 사람들에게 팔매 그 상인들이 요
> 셉을 데리고 애굽으로 갔더라(창 37:23~28).

연 대 표

요셉의 역경
JOSEPH'S HARDSHIPS
요셉의 고난과 하나님의 자비

많은 사람의 구원
THE SALVATION OF MANY
요셉이 악한 일을 당했으나, 하나님은 그것으로 선을 이루시다.

모세가 하나님과 말하다
MOSES SPEAKS TO GOD
하나님이 자신을 모세에게 계시하시고 구속을 약속하시다.

하나님의 영광이 드러나다
GOD'S GLORY IS REVEALED
하나님이 모든 열방 가운데 자기 영광을 나타내시다.

심판과 구원
JUDGE AND SAVIOR
하나님은 심판하시면서도 구원의 수단을 제공하시다.

홍해
THE RED SEA
하나님이 홍해를 가르시고 자기 백성을 인도하시다.

students / p.83

야곱은 세겜 근처에서 자신의 양 떼를 치는 아들들을 살펴보도록 요셉을 보냈습니다. 그들은 멀리서 요셉을 보고 그를 죽일 음모를 꾸몄습니다(창 37:20). 그때 르우벤이 나중에 구해 줄 생각으로 그를 죽이지 말고 산 채로 구덩이에 던지자고 설득했습니다(창 37:21~22).

요셉이 도착하자 형들은 그의 채색옷을 벗기고 르우벤이 말한 대로 구덩이에 던졌습니다. 음식을 먹다가 이스마엘 상인들이 애굽으로 가는 것을 보고, 유다가 새 계획을 짰습니다. 그는 요셉을 죽여 봐야 득이 될 것이 없으니, 이스마엘 상인들에게 노예로 팔아 돈이라도 벌자고 생각한 것입니다. 그래서 그들은 요셉을 은 이십에 팔았고, 상인들이 요셉을 애굽으로 데려갔습니다. 뒤늦게 돌아온 르우벤은 요셉이 없어진 것을 알고 망연자실했지만, 형제들은 들짐승이 요셉을 죽였다고 아버지를 속였습니다.

알짬 교리 **99**

전지하신 하나님

하나님은 모든 것을 알고 계시며, "완전한 지식"(욥 37:16)을 가지신 분입니다. 하나님의 지식은 과거·현재·미래의 모든 것에 미치는데, 여기에는 자유의지를 부여받은 피조물 인간의 미래도 포함됩니다. 하나님의 지식은 완전하며, 주님은 시간을 넘어서서 존재하시므로 무슨 일이 일어날지 영원 전부터 알고 계십니다. 우리는 하나님의 전지하심과 우리의 유한한 지식을 인정하고, 주님의 지혜롭고 선한 결정을 신뢰해야 합니다.

students / p.83

형제들의 극악무도한 배신과 불의는 하나님의 구원 계획이 이루어져 가는 과정의 일부였습니다. 하나님의 계획은 단지 이스라엘만이 아니라 온 세상을 구원하는 것이었습니다. 요셉이 당한 거절과 고난은 하나님이 구원 계획을 성취하기 위해 사용하신 수단이었습니다.

동행, 진흙 길도 함께 뚜벅뚜벅 걷는 것

요셉이 형들에게 배신당해 노예로 팔려 갔음에도 불구하고 하나님은 요셉과 함께하셨습니다. 그는 바로의 신하이자 친위대장인 보디발의 종이 되었습니다. 하나님이 요셉과 함께하시어 그가 하는 모든 일을 형통하게 하시니 보디발이 그에게 집안일을 모두 맡겼고, 하나님이 보디발의 집을 크게 축복하셨습니다. 이것은 아브라함을 축복하는 모든 사람을 축복하시겠다는 약속을 어떻게 지키시는가를 보여 주는 예입니다(창 12:1~3). 그러나 곧 요셉은 위기에 처하고, 상황은 악화일로로 치닫습니다.

> 6b요셉은 용모가 빼어나고 아름다웠더라 7그 후에 그의 주인의 아내가 요셉에게 눈짓하
> 다가 동침하기를 청하니 8요셉이 거절하며 자기 주인의 아내에게 이르되 내 주인이 집
> 안의 모든 소유를 간섭하지 아니하고 다 내 손에 위탁하였으니 9이 집에는 나보다 큰 이
> 가 없으며 주인이 아무것도 내게 금하지 아니하였어도 금한 것은 당신뿐이니 당신은 그
> 의 아내임이라 그런즉 내가 어찌 이 큰 악을 행하여 하나님께 죄를 지으리이까 10여인이
> 날마다 요셉에게 청하였으나 요셉이 듣지 아니하여 동침하지 아니할 뿐더러 함께 있지
> 도 아니하니라 11그러할 때에 요셉이 그의 일을 하러 그 집에 들어갔더니 그 집 사람들은
> 하나도 거기에 없었더라 12그 여인이 그의 옷을 잡고 이르되 나와 동침하자 그러나 요셉
> 이 자기의 옷을 그 여인의 손에 버려두고 밖으로 나가매 13그 여인이 요셉이 그의 옷을 자
> 기 손에 버려두고 도망하여 나감을 보고 14그 여인의 집 사람들을 불러서 그들에게 이르
> 되 보라 주인이 히브리 사람을 우리에게 데려다가 우리를 희롱하게 하는도다 그가 나와
> 동침하고자 내게로 들어오므로 내가 크게 소리 질렀더니 15그가 나의 소리 질러 부름을
> 듣고 그의 옷을 내게 버려두고 도망하여 나갔느니라 하고 16그의 옷을 곁에 두고 자기 주
> 인이 집으로 돌아오기를 기다려 17이 말로 그에게 말하여 이르되 당신이 우리에게 데려온
> 히브리 종이 나를 희롱하려고 내게로 들어왔으므로 18내가 소리 질러 불렀더니 그가 그
> 의 옷을 내게 버려두고 밖으로 도망하여 나갔나이다 19그의 주인이 자기 아내가 자기에
> 게 이르기를 당신의 종이 내게 이같이 행하였다 하는 말을 듣고 심히 노한지라 20이에 요
> 셉의 주인이 그를 잡아 옥에 가두니 그 옥은 왕의 죄수를 가두는 곳이었더라 요셉이 옥에
> 갇혔으나 21여호와께서 요셉과 함께하시고 그에게 인자를 더하사 간수장에게 은혜를 받
> 게 하시매 22간수장이 옥중 죄수를 다 요셉의 손에 맡기므로 그 제반 사무를 요셉이 처리
> 하고 23간수장은 그의 손에 맡긴 것을 무엇이든지 살펴보지 아니하였으니 이는 여호와께

서 요셉과 함께 하심이라 여호와께서 그를 범사에 형통하게 하셨더라(창 39:6b~23).

students / p. 83

요셉은 안주인의 유혹을 거절하는 옳은 일을 했지만, 누명을 쓰고 갇혔습니다. 그러나 그때도 하나님은 요셉과 함께하셨습니다(창 39:21). 그는 혼자가 아니었습니다. 하나님은 그를 버리지 않으셨고 오히려 큰 은혜를 베풀어 주셨습니다. 하나님이 그를 범사에 형통하게 하셨습니다.

너무나 많은 그리스도인이 하나님이 함께하시면 나쁜 일이 전혀 일어나지 않을 것이라는 잘못된 생각을 가지고 있습니다. “하나님이 우리를 위하시면 누가 우리를 대적하리요”(롬 8:31)를 ‘신자의 삶에는 역경이 없을 것’이라는 약속으로 받아들이면서 고난, 기근, 결핍, 위험 등 많은 장애를 만나게 될 것이라는 구절을 그냥 넘깁니다(롬 8:35~39).

그러나 제대로 이해하자면, 하나님이 함께하신다는 것은 나쁜 일이 일어나지 않도록 막아 주시는 것이 아니라, 어떤 어려운 상황에 놓이더라도 하나님이 늘 동행하신다는 뜻입니다. 고난의 터널을 안전하게 통과해 나갈 수 있도록 말입니다.

어려운 순간을 맞이하면, 하나님이 과연 함께하시는지 의심하도록 유혹을 받게 됩니다. 하지만 성경은 하나님이 그분의 백성을 결코 버리지도 떠나지도 않으신다고 약속합니다(신 31:6; 히 13:5).

우리의 소망은, 우리에게 나쁜 일이 일어나지 않게 막아 주시는 하나님께 있는 것이 아닙니다. 그것은 삶에서나 죽음에서나 언제나 우리와 함께하시는 하나님, 우리를 예수 그리스도 안에 있는 하나님의 사랑에서 결코 끊지 못하게 하시는 하나님께 있습니다.

그리스도와의 연결

students / p. 84

요셉의 삶은 장차 오실 예수님의 삶에 대한 예표라고 할 수 있습니다. 예수님은 배신당하시고 죄수로 넘겨져 옷이 벗겨지고 부당한 판결로 죽임을 당하셨습니다. 그러나 예수님이 당하신 거절과 수치는 이스라엘과 세계를 구원하려는 하나님 계획의 일부였습니다. 십자가 위의 예수님은 하나님께 버림받은 분으로 보이고, 하나님 아버지를 향한 외침은 응답되지 않는 것처럼 보입니다. 하지만 빈 무덤을 통해 예수님이 혼자가 아니셨다는 사실이 분명히 드러납니다. 하나님이 부활로써 독생자의 무죄를 입증하신 것입니다.

우리는 요셉의 삶에서 하나님의 계획을 미리 엿볼 수 있습니다. 요셉은 고난을 당했고, 마치 버림받은 것처럼 보였습니다. 그러나 하나님은 요셉과 늘 함께하며 하나님의 선한 계획을 성취해 나가고 계셨습니다. 요셉은 고난 겪는 의인이었고, 하나님이 요셉과 함께 계셨습니다. 요셉은 죄수가 되어서도 형통했으며, 결국 겸손함으로 이스라엘과 모든 나라를 축복하는 하나님의 기쁨이 될 수 있었습니다(창 12장; 빌 2장 참조).

YOUR STORY

5~10분

하나님이 들려주시는 이야기는 오늘을 사는 나와 늘 연결되어 있습니다. 아래 질문에 답하면서 성경 이야기가 내 이야기와 어떻게 연결되는지 생각해 봅시다.

▶ **왜 우리는 자신을 향한 하나님의 계획을 받아들이기보다 다른 사람을 향한 하나님의 계획을 더 부러워합니까?**
우리는 다른 사람이 가진 소유, 성격, 능력 등을 부러워합니다. 그러면서 자신이 누구인지, 하나님이 자신의 삶에 어떻게 역사하고 계시는지 등에 대해 만족하지 못하고 맙니다.

▶ **다른 사람을 향한 하나님의 계획을 부러워 하며 그것을 자신의 삶에 이루기 위해 자신의 힘으로 애쓴다면 그 결과가 어떨까요?**
아무리 오랜 시간이 지나도 궁극적인 보람이나 성취감을 느낄 수 없습니다. 그 이유는 첫째, 그것이 자신을 향한 하나님의 계획이 아니기 때문입니다. 둘째, 가면을 쓴 채 가장하며 살아야 하기 때문입니다.

▶ **미래를 잘 준비하기 위해서는 정신뿐 아니라 신체적인 훈련도 필요합니다. 개인적으로 어떠한 노력을 하고 있나요? 이러한 준비가 인성과 영성에 어떠한 영향을 줄까요?**
건강한 생활을 유지하기 위한 운동이나 신체적인 훈련을 예로 들 수 있습니다. 학생들로 하여금 이 개념을 인격 함양에 어떻게 적용할지에 대해 생각하고 훈련 방법을 찾아보게 하세요.

▶ **미래를 위한 도전과 축복을 잘 감당하도록 준비하는 데 도움이 된 경험이 있다면 말해 봅시다.**
이 질문에 대한 대답은 다양할 것입니다. 이 질문의 목표는 단순합니다. 이 질문을 학생들이 내면화하는 것입니다.

하나님의 이야기
하나님이 그분의 아들
예수 그리스도를 통해
우리를 구속해 주신 이야기

우리의 이야기
우리의 이야기가
하나님의 이야기와
만나는 곳

5~10분

YOUR MISSION

생 각

요셉의 이야기는 인격과 행동에 대한 생각에 도전을 줍니다. 그는 옳은 선택을 하여 보디발의 아내의 유혹을 뿌리쳤지만, 옥에 갇혀야 했습니다. 요셉은 옳은 일을 함으로써 고난을 당했지만 절개를 지켰고, 결국 하나님께 쓰임받아 많은 나라를 구할 수 있었습니다.

- **요셉이 유혹을 이기고 승리한 것에서 어떤 교훈을 얻을 수 있습니까?**
  이 질문에 대한 대답은 다양할 것입니다. 다만, 유혹을 이긴다고 해서 당장 행복하고 즐거운 삶으로 이어지는 것은 아닙니다. 성령의 능력으로 죄를 이길 때 기쁨을 누리지만, 그리스도께서 다시 오실 때까지는 여전히 악한 세상에서 살아야 합니다.
- **결과에 상관없이 옳은 일을 하는 것이 왜 중요합니까?**
  학생들에게 대답할 시간을 주고, 결과에 상관없이 옳고 경건한 일을 하는 것이 중요함을 깊이 생각하도록 도우십시오.

마 음

요셉의 이야기는 우리의 마음에 용기를 주고, 하나님은 선하신 주권자일 뿐 아니라 사랑하는 자들을 위해 모든 것이 합력하여 선을 이루게 하시는 분임을 다시금 확인시켜 줍니다.

- **일이 잘되면 하나님이 함께하신다고 하고, 잘 안 되면 하나님이 떠나 버리셨다고 하는 이유는 무엇일까요?**
  오로지 자기 기분에 따라 대답하는 학생도 있을 것입니다. 그들은 하나님이 가까이 계시지 않는다고 믿습니다. 그러나 이것은 분명히 사실이 아닙니다. 십자가의 예수님만 봐도 알 수 있습니다. 또 어떤 학생은 착한 일을 하면 하나님이 임재하시지만, 나쁘게 행동하면 하나님이 임재하지 않으신다고 생각할 것입니다.
- **역경 속에서도 함께하시는 하나님을 안다면 낙담, 우울, 소외 등과 같은 어려움을 겪을 때 도움이 될까요?**
  이 질문에 대한 대답은 다양할 것입니다.

행 동

요셉의 이야기는 우리에게 도전과 격려를 해 줄 뿐 아니라, 주변 사람들을 어떻게 대하고 인생을 어떻게 살아야 할지에 대해서도 알려 줍니다.

- **'하나님이 결코 우리를 버리지 않으셨다'는 사실을 세상에 알리기 위해 교회가 할 수 있는 활동은 무엇일까요?**
  이 질문에 대한 대답은 다양할 것입니다.
- **혼자라고 느끼는 사람이 있다면 어떤 식으로 도움을 줄 수 있을까요?**
  이 질문에 대한 대답은 다양할 것입니다.

다음 모임까지
욥기 18~24장을
읽어 보세요.

THE GOSPEL PROJECT

13

변하지 않는 것이 신실

요 약

이 과에서 우리는 요셉의 이야기를 통해, 신실하신 하나님이 언약을 이루어 가시는 모습을 세 가지 측면에서 보게 될 것입니다. 하나님은 고난을 통해 열매 맺게 하시고, 용서의 중요성을 알게 하시며, 선으로 악을 이기게 하십니다. 우리는 하나님의 사랑과 신실하심을 확신하는 가운데, 우리에게 잘못한 사람들을 용서하고, 상황이 어떠하든지 하나님을 신뢰하도록 부름받았습니다.

성 경

창세기 41장 46~57절; 45장 1~15절; 50장 15~21절

HIS STORY

20~30분

포 인 트 하나님은 주권자이시며 악한 상황으로부터 선을 이루어 내신다.

등 장 인 물 @삼위일체 하나님(성부, 성자, 성령)
@요셉(야곱의 아들)

메시지 좌표 지난 과에서 우리는 요셉이 얼마나 심각한 불의를 당했는지 살펴보았습니다. 그는 형들에게 배신당하고, 노예로 팔려 가고, 보디발의 집에서 종으로 일하고, 안주인에게 성적인 접근을 했다는 누명을 쓰고 감옥에 갇히기까지 했습니다. 그러나 어떠한 상황에서도 요셉은 한결같이 믿음의 사람이었습니다.

여기까지만 보면, 혹독한 고난을 겪은 요셉이 과연 다시 회복할 수 있을까 염려될 것입니다. 또한 요셉의 고난을 통해 대체 무슨 선이 이루어질 것인지 궁금해집니다. 이 모든 일의 목적은 무엇일까요? 하나님은 요셉의 삶을 통해 오늘날 우리에게 무엇을 말씀하고 있으며, 그것은 언약과 무슨 상관이 있을까요?

교사용 팁 : 위의 질문은 요셉의 이야기를 끝으로 창세기 공부를 마치면서 함께 살펴볼 질문들입니다. 마지막 이야기를 보기 전에, 지금까지 읽어 온 여러 작은 이야기들 속에 흐르고 있는 창세기의 큰 이야기 줄기를 떠올려 보세요.

도 입

5~10분

다음 이야기를 들려 주십시오.

> *"죽음에 이르게 하는 7가지 죄 중에서 '분노'가 가장 우습다. 상대의 상처를 핥고, 켜켜이 쌓인 아픔을 혀로 느끼고, 피하지 못하고 당하는 쓰라림을 입안 가득 맛보고, 당신이 받은 고통과 당신이 돌려줄 고통의 풍미를 마지막 한 조각까지 즐긴다. 여러모로 그것은 왕의 만찬이다. 그러나 큰 단점이 있는데, 물어뜯기는 것은 당신 자신이라는 사실이다. 그 만찬의 뼈다귀는 당신이다."* _ 프레드릭 뷰크너(Frederick Buechner)

학생들에게 종이를 나눠 주고 분노, 원망, 앙심을 품게 한 사람이 있다면 그의 이름을 쓰라고 하십시오. 만일 용서하지 않고 그 감정을 계속 품는다면 자신과 용서받지 못한 사람이 어떤 영향을 받을지 생각해서 써 보라고 하십시오.
그리고 마음을 아프게 한 사람을 용서하기가 어렵다는 것을 인정하게 해 주세요. 잠시 그 사람을 위해 기도하고, 그 사람을 용서할 수 있도록 도와 달라고 하나님께 기도하라고 하십시오. 그 사람과 그에 대한 자신의 태도를 위해 한 주 동안 매일 혹은 필요하다면 더 오랫동안, 용서할 수 있을 때까지 기도하라고 격려해 주십시오.

고난이 없었으면 요셉도 없다

students / p.88

요셉이 걸어온 여정을 잠시 살펴봅시다. 요셉은 강간 미수범이라는 누명을 쓰고 오랜 시간 동안 갇혀 있었습니다. 그러나 그곳에서 요셉은 꿈꾸는 자답게 바로의 술 관원의 꿈을 정확히 해석해 주었습니다. 요셉은 술 관원에게 앞으로 바로의 은총을 받으면 자기를 기억해 그에게 자기 얘기를 해 달라고 부탁했습니다. 그러나 복직된 술 관원은 곧 요셉을 잊고 말았습니다. 또다시 부당한 대우를 받은 것입니다.

그로부터 2년 후 바로는 뭔가 심상치 않은 꿈을 꾸었고, 그 꿈을 해몽할 사람이 필요했습니다. 그때 술 관원이 요셉을 기억해 냈습니다. 바로 앞에 불려 간 요셉은 그의 꿈을 정확히 해석해 주었습니다. 하나님의 능력에 의지해 꿈의 의미를 설명해 준 것입니다. 7년 풍년 후 7년 기근이 이어질 것이

도입 선택

다음 이야기를 들려주고, 아래 질문에 관해 토론하게 하십시오.

복수는 사람들에게 익숙한 소재입니다. 복수를 소재로 한, 좋아하는 이야기나 노래가 있습니까? 어떤 부분이 마음에 와 닿던가요? 우리가 이런 종류의 이야기나 노래에 공감하는 이유는, 우리에게 정의에 대한 깊은 감수성이 있기 때문입니다. 우리는 잘못한 사람이 마땅히 책임을 져야 한다고 생각합니다.
그런데 문제는 정의의 실현을 하나님께 맡기지 않고 자기가 직접 이루려고 한다는 것입니다. 쓰라린 가슴을 안고 원한을 품는 것은 하나님의 정의에 대한 믿음이 부족함을 드러냅니다. 하나님보다 자기가 더 잘 해낼 수 있다고 생각합니다. 하나님은 우리가 당한 악한 일들을 그분의 큰 계획을 이루는 데 선하게 사용하실 수 있는 분인데도 신뢰하지 못하는 것입니다.

- *'억울한 일'을 당했을 때를 떠올려 보세요. 그때 어떻게 반응했으며, 왜 그렇게 반응했나요?*
- *만일 그때로 돌아갈 수 있다면 어떻게 반응하고 싶은가요? 이전과는 무엇이 다른가요?*

연 대 표

많은 사람의 구원
THE SALVATION OF MANY
요셉이 악한 일을 당했으나, 하나님은 그것으로 선을 이루시다.

모세가 하나님과 말하다
MOSES SPEAKS TO GOD
하나님이 자신을 모세에게 계시하시고 구원을 약속하시다.

하나님의 영광이 드러나다
GOD'S GLORY IS REVEALED
하나님이 모든 열방 가운데 자기 영광을 나타내시다.

심판과 구원
JUDGE AND SAVIOR
하나님은 심판하시면서도 구원의 수단을 제공하시다.

홍해
THE RED SEA
하나님이 홍해를 가르시고 자기 백성을 인도하시다.

광야 생활
THE WILDERNESS
이스라엘이 믿음으로 하나님을 따라야만 하는 길을 떠나 약속의 땅으로 향하다.

라고 말입니다. 요셉은 7년 기근에 대비한 지혜로운 계획을 내놓았고, 그 결과 바로의 총리가 되어 애굽의 이인자가 되었습니다.

용서가 사람을 살린다

students / p.88

하나님은 요셉으로 하여금 고난의 결실을 보게 해 주심으로써 그분의 신실하심을 보여 주셨습니다. 이제 이야기는 대반전을 보여 줍니다. 우리는 믿을 수 없이 놀라운 용서의 장면을 요셉의 삶에서 보게 됩니다. 하나님이 그분의 백성에게 신실하심을 보여 주는 대표적인 이야기입니다.

사람들은 복수 이야기를 좋아하지만, 하나님은 원수를 사랑하고 박해하는 자를 위해 기도하며 잘못한 사람을 용서하라고 명령하십니다. 예수님이 원한을 품지 않는 반문화(counter-culture)를 이끌고 계십니다. 악이 선을 위해 사용되고, 용서가 구원으로 이어지는 더 크고 더 좋은 계획을 우리에게 보여 주십니다.

1요셉이 시종하는 자들 앞에서 그 정을 억제하지 못하여 소리 질러 모든 사람을 자기에게
서 물러가라 하고 그 형제들에게 자기를 알리니 그 때에 그와 함께 한 다른 사람이 없었더
라 2요셉이 큰 소리로 우니 애굽 사람에게 들리며 바로의 궁중에 들리더라 3요셉이 그 형
들에게 이르되 나는 요셉이라 내 아버지께서 아직 살아 계시니이까 형들이 그 앞에서 놀
라서 대답하지 못하더라 4요셉이 형들에게 이르되 내게로 가까이 오소서 그들이 가까이
가니 이르되 나는 당신들의 아우 요셉이니 당신들이 애굽에 판 자라 5당신들이 나를 이곳
에 팔았다고 해서 근심하지 마소서 한탄하지 마소서 하나님이 생명을 구원하시려고 나
를 당신들보다 먼저 보내셨나이다 6이 땅에 이 년 동안 흉년이 들었으나 아직 오 년은 밭
갈이도 못하고 추수도 못할지라 7하나님이 큰 구원으로 당신들의 생명을 보존하고 당신
들의 후손을 세상에 두시려고 나를 당신들보다 먼저 보내셨나니 8그런즉 나를 이리로 보
낸 이는 당신들이 아니요 하나님이시라 하나님이 나를 바로에게 아버지로 삼으시고 그
온 집의 주로 삼으시며 애굽 온 땅의 통치자로 삼으셨나이다 9당신들은 속히 아버지께로
올라가서 아뢰기를 아버지의 아들 요셉의 말에 하나님이 나를 애굽 전국의 주로 세우셨
으니 지체 말고 내게로 내려오사 10아버지의 아들들과 아버지의 손자들과 아버지의 양
과 소와 모든 소유가 고센 땅에 머물며 나와 가깝게 하소서 11흉년이 아직 다섯 해가 있으

니 내가 거기서 아버지를 봉양하리이다 아버지와 아버지의 가족과 아버지께 속한 모든
사람에게 부족함이 없도록 하겠나이다 하더라고 전하소서 [12]당신들의 눈과 내 아우 베냐
민의 눈이 보는 바 당신들에게 이 말을 하는 것은 내 입이라 [13]당신들은 내가 애굽에서 누
리는 영화와 당신들이 본 모든 것을 다 내 아버지께 아뢰고 속히 모시고 내려오소서 하며
[14]자기 아우 베냐민의 목을 안고 우니 베냐민도 요셉의 목을 안고 우니라 [15]요셉이 또 형
들과 입맞추며 안고 우니 형들이 그제서야 요셉과 말하니라(창 45:1~15).

students / p. 89

요셉의 형들이 양식을 구하러 애굽으로 내려갔을 때, 요셉이 어릴 때 꾸었던 그 꿈이 성취되었습니다. 요셉은 형들을 한눈에 알아보았지만, 그가 애굽의 총리가 되었을 줄은 꿈에도 생각 못 한 형들은 그에게 머리를 숙여 절했습니다. 요셉은 동생 베냐민을 자기 곁에 남게 하려고 했지만, 형들은 아버지 야곱의 죽음을 재촉할 수 있다고 우려했습니다. 결정적인 순간에 요셉이 자신의 정체를 형들에게 드러냅니다.

요셉은 형제들에게 입 맞추며 큰 자비를 보여 주었습니다. 요셉은 하나님의 선한 계획을 신뢰했기에 형제들을 용서했습니다. 요셉은 원망이 마음속에 뿌리내리게 할 수도 있었지만 반대로 형제들을 용서했습니다. 사람들을 구원하기 위한 하나님의 계획을 신뢰했기 때문입니다.

합력하여 선, 하나님의 마침표

"두 번 당했다고 해서 복수할 권리가 생기지는 않는다"라는 속담이 있습니다. 누가 자기를 학대했다고 해서 그들을 학대할 권리가 생기는 것은 아닙니다. 우리의 죄성 가득한 충동은 악을 악으로 갚고 싶어 하지만, 그것은 하나님이 역사하시는 방법이 아닙니다. 하나님은 죄지은 자들을 용서하시는 분이며, 악을 악으로 갚지 않으시는 분입니다. 그 대신 선으로 악을 이기십니다. 우리는 하나님을 좇아 하나님의 사랑을 베풀라고 부름받은 사람들입니다. 사랑의 대상에는 원수나 내게 잘못한 사람도 포함됩니다. 하나님은 이 모두를 구원 계획의 큰 그림 안에서 사용하십니다.

연 대 표

많은 사람의 구원
THE SALVATION OF MANY
요셉이 악한 일을 당했으나, 하나님은 그것으로 선을 이루시다.

모세가 하나님과 말하다
MOSES SPEAKS TO GOD
하나님이 자신을 모세에게 계시하시고 구속을 약속하시다.

하나님의 영광이 드러나다
GOD'S GLORY IS REVEALED
하나님이 모든 열방 가운데 자기 영광을 나타내시다.

심판과 구원
JUDGE AND SAVIOR
하나님은 심판하시면서도 구원의 수단을 제공하시다.

홍해
THE RED SEA
하나님이 홍해를 가르시고 자기 백성을 인도하시다.

광야 생활
THE WILDERNESS
이스라엘이 믿음으로 하나님을 따라야만 하는 길을 떠나 약속의 땅으로 향하다.

본문으로 더 깊이

메시아는 요셉이 아닌 유다의 가문에서 나올 것입니다(창 49:8~10). 요셉의 이야기 속에서 유다의 성품이 바뀌는 것을 발견할 수 있습니다. 유다는 요셉을 노예로 팔 계획을 세운 사람이었습니다. 하지만 나중에는 베냐민을 대신해 자신의 생명을 바치려고 합니다(창 43:9; 44:33 참조). 이처럼 유다 지파의 사자 예수 그리스도께서 십자가에서 세상 죄를 위한 대속 제물이 되실 것입니다.

students / p. 89

이스라엘, 즉 야곱은 기근을 피해 가족을 데리고 요셉이 총리로 있는 애굽으로 내려가 살았습니다. 이때 이주한 야곱 가족은 모두 70명이었습니다(창 46:27). 하나님이 그들을 축복해 이방인의 땅 애굽에서도 부유하게 하셨고, 그들은 생육하고 번성했습니다(창 47:27).

하나님이 아브라함의 후손을 통해 온 세상을 축복하겠다고 약속하신 것을 기억합니까? 야곱은 죽기 전에 하나님의 약속을 아들들에게 다시 들려주며, 유다 가문에서 메시아가 태어날 것을 예언했습니다(창 49:8~10). 야곱이 죽자 요셉은 그의 시신을 수습해 약속의 땅으로 가져가 장사하고 돌아왔습니다. 그러자 형들은 이제 아버지가 죽고 안 계시니 요셉이 복수할까 봐 근심했습니다.

15요셉의 형제들이 그들의 아버지가 죽었음을 보고 말하되 요셉이 혹시 우리를 미워하여
우리가 그에게 행한 모든 악을 다 갚지나 아니할까 하고 16요셉에게 말을 전하여 이르되
당신의 아버지가 돌아가시기 전에 명령하여 이르시기를 17너희는 이같이 요셉에게 이르
라 네 형들이 네게 악을 행하였을지라도 이제 바라건대 그들의 허물과 죄를 용서하라 하
셨나니 당신 아버지의 하나님의 종들인 우리 죄를 이제 용서하소서 하매 요셉이 그들이
그에게 하는 말을 들을 때에 울었더라 18그의 형들이 또 친히 와서 요셉의 앞에 엎드려 이
르되 우리는 당신의 종들이니이다 19요셉이 그들에게 이르되 두려워하지 마소서 내가 하
나님을 대신하리이까 20당신들은 나를 해하려 하였으나 하나님은 그것을 선으로 바꾸사
오늘과 같이 많은 백성의 생명을 구원하게 하시려 하셨나니 21당신들은 두려워하지 마소
서 내가 당신들과 당신들의 자녀를 기르리이다 하고 그들을 간곡한 말로 위로하였더라(창
50:15~21).

students / p. 89

그러나 요셉은 두려워하지 말라고 형들을 북돋우며 하나님의 선한 계획을 신뢰한다고 했습니다. 그는 자신이 하나님의 자리에 앉지 않을 것이고, 하나님은 악조차 선하게 사용해 많은 생명을 구원하셨다고 말했습니다. 요셉은 형제들을 용서하고 위로하며 그들과 가족을 끝까지 돌보았습니다. 형들에게 놀라운 은혜를 베푼 것입니다.

알짬 교리 99

신실하신 하나님

하나님의 신실하심은 하나님이 자신의 말씀을 지키고 항상 약속을 이루심을 의미합니다(고전 1:9; 딤후 2:13; 벧전 4:19). 이것은 하나님이 아브라함과 이삭과 야곱에게 하신 약속을 이루어 가신 데서 증명됩니다. 사도 바울은 '신실함'의 특성을 하나님이 말씀을 이루심과 연결하며, "너희를 부르시는 이는 미쁘시니 그가 또한 이루시리라"(살전 5:24)라고 말했습니다. 우리는 하나님과 다른 사람들에게 한 약속을 지킴으로써 하나님의 모습을 나타낼 수 있습니다.

그리스도와의 연결

students / p.90

요셉은 110세에 죽어 애굽의 무덤에 장사되었습니다. 그는 유해로라도 하나님의 백성과 함께 약속의 땅으로 돌아가기를 바랐습니다. 창세기는 낙원에서 시작해 약속의 땅에서 멀리 떨어진 무덤에서 끝납니다. 지금까지는 하나님이 아브라함과 맺은 언약이 성취되지 않았습니다. 그러나 이야기는 아직 끝나지 않았습니다.

요셉의 삶은 자기에게 잘못한 사람들을 용서하실 메시아에 대한 예표라고 할 수 있습니다. 요셉은 하나님의 계획이 자신의 형들이 행한 악한 행동을 사용해 많은 사람을 구원하시는 것임을 알았습니다. 예수님은 학대당하시며 은 삼십에 팔리시고, 묶인 채 넘겨져 결국 악인들의 손에 처형되셨습니다. 예수님은 십자가에 못 박히시는 동안에도 자기를 죽이는 자들을 용서하셨습니다(눅 23:34 참조). 십자가에서 세상을 구원하는 용서를 베푸신 것입니다. 하나님은 예수님을 높이 올리시어 세상 나라들이 그분께 물밀듯 나와 무릎 꿇고 주로 고백하게 하셨습니다(빌 2:5~11; 사 45:23 참조). 악인들이 메시아를 죽였지만, 하나님은 그들의 악행까지도 사용해 구원의 목표를 성취하셨습니다.

YOUR STORY

5~10분

하나님이 들려주시는 이야기는 오늘을 사는 나와 늘 연결되어 있습니다. 아래 질문에 답하면서 성경 이야기가 내 이야기와 어떻게 연결되는지 생각해 봅시다.

- **더 나은 그리스도의 제자, 자녀, 학생, 친구가 되도록 하나님이 주신 도전과 어려움은 무엇입니까?**
  요셉이 인내하며 고난을 겪었던 것처럼, 학생들도 고난과 역경 속에서도 삶에 긍정적인 성장을 이루었는지 생각해 보게 하는 것이 이 질문의 목적입니다.

- **자신과 비슷한 어려움을 겪은 사람을 돕게 함으로써 우리가 겪은 고난이 풍성한 열매를 맺게 하시는 것이 하나님의 방법이라는 것을 압니까?**
  학생들이 자기와 비슷한 상황에 놓인 다른 사람들에게 사역할 다양한 방법을 생각해 보게 하는 것이 이 질문의 목적입니다.

- **자신에게 잘못한 사람을 용서하기가 어렵고 고통스러운 이유에 대해 말해 봅시다.**
  마음속의 교만 때문일 수도 있고, 용서에 대한 비성경적인 관점 때문일 수도 있습니다. 용서받을 만한 어떤 행동을 해야 용서받을 수 있다는 생각은 비성경적인 생각입니다. 학생들 스스로 자기가 왜 용서하기 어려운지 이야기함으로써 자신의 마음을 깨달을 수 있도록 도우십시오.

- **요셉의 이야기에서 깨닫게 된 것은 무엇입니까?**
  학생들이 요셉의 이야기를 이미 잘 알고 있더라도, 지난 두 과에서 새로운 것들을 배웠을 것입니다. 공감하거나 도전을 받은 부분이 있는지 말할 기회를 주십시오.

하나님의 이야기
하나님이 그분의 아들
예수 그리스도를 통해
우리를 구속해 주신 이야기

우리의 이야기
우리의 이야기가
하나님의 이야기와
만나는 곳

5~10분

YOUR MISSION

생 각

요셉의 이야기는 우리가 살면서 겪는 많은 어려움에 대해 어떻게 생각하고 받아들여야 하는지 도전을 줍니다. 요셉은 하나님의 주권, 하나님의 계획을 믿었기에 끝까지 인내하고 형들을 용서할 수 있었습니다. 하나님의 큰 그림을 의식하고 고난을 바라보면, 자신의 좁은 시각에서 보는 것보다 하나님이 훨씬 더 큰 일을 하고 계심을 알 수 있습니다.

- **자기에게 일어났던 안 좋은 일들을 요셉의 이야기에 비추어 다시 생각해 봅시다. 이전과 다르게 느껴지는 것이 있나요?**
  이 질문의 목적은 학생들이 자신의 삶 속의 어려움을 복음적 시각으로 보게 하려는 데 있습니다. 그럼으로써 고난이나 나쁜 상황을 보기보다 복음을 통해 하나님이 모든 것을 합력하여 선과 기쁨을 이루심을 볼 수 있게 하려는 것입니다.
- **주권자 하나님이 모든 것을 합력하여 선을 이루게 하신다는 것이 믿기지 않을 때 도움이 될 수 있는 성경 구절들을 찾아 나눠 봅시다.**
  학생들이 어려울 때 용기를 얻은, 또는 좋아하는 성경 구절을 나누게 하십시오.

마 음

예수님이 십자가에서 죽으심으로써 우리 죄가 모두 용서되었습니다. 주님의 용서는 우리도 우리에게 잘못한 사람들을 용서하게 하는 원동력이 됩니다. 용서하기를 거부하는 것은 불순종일 뿐 아니라 불신이기도 합니다. 어떤 사람에 대해 원한을 품는 것은, 그리스도의 십자가가 하나님께 지은 나의 죄를 용서하기에는 충분하지만, 다른 사람이 내게 지은 잘못을 용서하기에는 충분하지 않다고 믿는 것을 드러내는 것입니다.

- **원한을 품는 것과 용서의 복음은 어떻게 모순됩니까?**
  학생들 스스로 그것이 왜 모순인지 깊이 생각해 보게 하세요.
- **말씀 묵상이 다른 사람을 인내하며 용서하는 데 어떤 힘을 줍니까?**
  여기서 중요한 것은 우리가 용서받은 그대로 남을 용서하라는 명령을 받았다는 것입니다. 많은 것을 용서받았으니 우리도 많은 것을 용서해야 합니다.

행 동

정의가 실현되기를 바라는 것은 잘못이 아닙니다. 하지만 끝없는 원한과 복수심과 용서하지 않는 마음은 내가 하나님께 속한 일만 하고 싶어 한다는 것을 드러냅니다. 하나님의 공의와 사랑을 신뢰해야만 진정으로 용서할 수 있습니다.

- **자신과 마음, 생각이 다른 사람일지라도 하나님의 사랑을 표현하기 위해 그에게 사랑과 자비를 베풀 수 있습니까?**
  복음으로 인해 사람들과 상호작용이 일어날 수 있도록 개인적이고 실용적인 방법을 생각해 보게 하려는 것이 이 질문의 목적입니다.
- **예수님의 용서를 전하는 사명에 동참하기 원합니까?**
  학생들이 개인적으로나 그룹으로 복음 전파의 사명을 감당할 실질적인 방법들을 생각해 보게 하십시오.

다음 모임까지
욥기 25~32장을
읽어 보세요.